춘향전 · 심청전

작자 미상

박씨전

SR&B(새로본닷컴)

박제가의 〈기암관수도〉

〈베스트 논술 한국대표문학(전60권)〉을 펴내며

어린 시절의 독서는 평생의 이성과 열정을 보장해 줄 에너지의 탱크를 채우는 일입니다. 인생의 지표를 세울 수 있는 가장 믿을 만한 방법이기도 합니다.

새로 접하는 사물의 이치를 터득하려면 그 정보를 대뇌 속에 담는 프로그램이 마련되어 있어야 합니다. 그 프로그램을 구축하는 가장 효과적인 방법이 지속적인 독서입니다. 독서는 책과 나의 쌍방향적인 대화이며 만남이며 스킨십입니다.

그러나 단순한 독서만으로는 생각하는 힘과 정확히 표현하는 힘을 키울 수 없습니다. 〈베스트 논술 한국대표문학〉은 이에 유의하여 다음과 같이 편찬하였습니다.

① 초·중·고 교과서에 실린 고전 및 현대 문학 작품부터 〈삼국유사〉, 〈난중일기〉, 〈목민심서〉 등 우리의 정신을 일깨워 주고 우리에게 지혜와 용기를 준 '위대한 한국 고전' 에 이르기까지 한 권 한 권을 가려 뽑았습니다.
② 각 권의 내용과 특성을 분석하여, '작가와 작품 스터디', '논술 가이드' 등을 덧붙여 생각하는 힘, 표현하는 힘을 키울 수 있도록 각 분야의 권위 학자, 논술 전문가들이 심혈을 기울였습니다.
③ 특히 현대 문학 부문은 최근 학계에서, 이 때까지의 오류를 바로잡아 정확한 텍스트를 확정한 것을 반영하였고, 고전 부문은 쉽고 아름다운 현대 국어로 재현하였습니다.
④ 각 작품에 관련된 작가의 고향을 비롯한 작품의 배경, 작품의 참고 자료 등을 일일이 답사 촬영하거나 수집·정리하여 화보로 꾸몄고, 각 작품의 갈피 갈피마다 아름다운 그림을 넣어, 작품에 좀더 친근감 있게 접근할 수 있도록 하였습니다.

이 〈베스트 논술 한국대표문학〉이 여러분이 '큰 사람', '슬기로운 사람' 이 되는 데 충실한 밑거름이 되기를 바랍니다.

〈베스트 논술 한국대표문학〉 편찬위원회

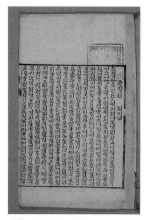
〈춘향전〉의 내용

춘향관

〈춘향전〉의 무대가 된 광한루

광한루 안에 있는 춘향 사당 현판

춘향제

광한루 안에 있는 춘향 사당

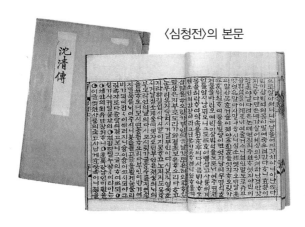

〈심청전〉의 본문

〈심청전〉의 한 장면

〈심청전〉의 한 장면

〈심청전〉의 한 장면

〈심청전〉의 한 장면

〈박씨전〉의 표지

〈박씨전〉에 나오는 임경업

〈박씨전〉에 나오는 임경업 장군의 묘

차례

작자 미상

춘향전

춘향전

만남

숙종 임금 시절에 전라도 남원부에 월매라는 기생이 있었다.

충청도, 전라도, 경상도 삼남에서 유명한 기생이었다. 일찍 기생방에서 물러나 성가라는 양반을 더불어 세월을 보내고 있지만, 나이가 사십에 이르도록 자식 하나 없었다. 이것이 한이 되어 탄식과 수심으로 병이 되었다.

어느 날, 남편에게 공손히 말하였다.

"예절도 숭상하고 길쌈도 힘썼건만, 무슨 죄가 많아서 자식 하나도 없으니, 우리 신세를 위해 선영의 제사는 누가 지내며, 죽은 후에 장례는 어찌할까요. 유명한 산이나 큰 절에 가서 불공을 들여 아들이든 딸이든 낳으면 평생의 한을 풀 것입니다. 당신의 뜻이 어떠시오."

성 참판이 하는 말이,

"한평생의 신세를 생각하면 자네 말이 당연하오. 하지만 빌어서 자식을 낳을 것 같으면 자식 없는 사람이 어디 있겠소."

월매가 대답하기를,

"우리도 정성이나 들여 봅시다. 공든 탑이 무너지며, 심은 나무가 꺾이겠습니까?"

이 날부터 이름난 산과 경치 좋은 곳을 찾아갈 때, 반야봉에 올라서서 사면을 둘러보니 이름난 산과 큰 강이 분명하였다.

상봉에 단을 쌓아 제물을 차리고, 단 아래에 엎드려서 빌었다. 그랬더니 산신님의 덕이신지 꿈 하나를 얻었는데, 상서로운 기운이 하늘에 서려서 오색이 영롱했다. 그 때, 어떤 선녀가 푸른 학을 타고 왔다.

머리에는 꽃갓을 쓰고 몸에는 울긋불긋한 무늬가 있는 옷을 입었다. 악기 소리가 쟁쟁하고, 손에는 월계꽃 한 가지를 들고 대청으로 올라오면서 허리를 굽히고 공손히 말하기를,

"옛날 임금의 딸인데, 신선이 먹는 복숭아를 올리려고 하늘 나라의 서울에 갔다가, 달 속의 궁전에서 신선을 만나 정과 회포를 풀다가 그만 늦게 돌아갔습니다. 그런 탓으로 옥황상제가 크게 노하시고 인간 세상으로 쫓아 내셔서 갈 바를 모르고 있는데, 지리산 신령께서 부인댁으로 가라 하시기에 왔으니, 어여삐 봐 주십시오."

하며 품 안으로 달려들 때, 학의 울음소리에 놀라 깨니 한낱 꿈이었다.

황홀한 정신을 진정하여 남편과 꿈 이야기를 하였다.

천행으로 아들을 낳을까 하고 기다리고 있는데, 과연 그 달부터 태기가 있어 열 달이 되자, 하루는 향기가 방에 가득하고 아름다운 구름이 영롱하더니, 정신이 흐릿한 가운데 딸 하나를 낳았다.

월매의 바라고 바라던 마음은, 남자는 못 낳았으나 조금은 풀리었다. 그 아기를 사랑함은 어찌 다 말로 표현할 수 있겠는가? 이름을 춘향이라 부르면서 보배로운 옥처럼 길러 냈다.

춘향은 효행이 지극하고, 인자함이 기린 같았다. 일고여덟 살이 되

자, 책읽기에 재미를 붙여 예절에 맞는 모습과 절개를 곧게 지키기를 일삼으니, 효행을 칭찬하지 않는 사람이 없었다.

이 때, 삼청동 이한림이라는 양반이 있었다. 여러 대에 걸쳐 이름난 집안이요 충신의 후손이었다.

하루는, 임금님께서 충성스럽고 효성스러운 사람을 가려 내어 각 고을의 사또를 임명하시는데, 이한림을 과천 현감에서 금산 군수로 옮겼다가 남원 부사로 제수*하시었다.

이한림이 행장을 차려 남원부에 부임한 후 백성을 잘 다스렸다. 그러자 사방에 할 일이 없어지고, 거리에서는 동요 소리가 들려 왔다. 나라가 태평하고 풍년이 들어 백성이 효도하는 시절이었다.

이 때는 어느 때인가? 놀기 좋은 봄철이었다. 남산에 꽃이 피니 북산이 붉어지고, 천만 실가지가 휘늘어진 수양버들 가지에서 꾀꼬리는 벗을 부른다. 나무와 나무 들이 모여 숲을 이루고, 두견새가 낮게 날아가니 일 년 중 좋은 시절이다.

이 때, 사또 자제 이 도령은 나이가 이팔청춘이요, 풍채는 씩씩하고 믿음직스러웠다. 도량은 푸른 바다 같고, 지혜는 활달하고, 문장과 붓글씨에 두루 뛰어났다.

하루는, 방자를 불러 말하기를,

"이 곳 경치 좋은 곳이 어디냐. 아름다운 시의 상념이 일어나고, 봄날의 흥취가 힘차게 넘쳐 흐르니, 경치 좋은 곳을 말하라."

방자 놈이 대답하기를,

"공부하시는 도련님이 경치 좋은 곳은 찾아서 어쩌려고요. 부질없소."

이 도령이 하는 말이,

"너, 무식한 말이구나. 예로부터 문장가나 재주 있는 사람은 경치 좋

---

* 제수 천거의 절차를 밟지 않고 임금이 바로 벼슬을 시킴.

은 강과 산을 구경하는 것이 자연을 노래하는 글의 근본이다. 이 세상 모든 사물의 변화가 놀랍고 즐겁고 고운 것이 글 아닌 게 없다. 그래서 유명한 시인들은 경치 좋은 자연을 찾아가서 놀았으니, 나도 놀지 않을 수 없구나."

이 때, 방자가 도련님의 뜻을 받들어 사방의 경치 좋은 곳을 늘어놓았다.

"남원 경치 좋은 곳 들으시오. 동문 밖으로 나가면 깊은 숲을 이루고 있는 천은사라는 절이 좋고, 서문 밖으로 나가면 사당에 모셔 놓은 관운장의 엄한 위풍이 좋고, 남문 밖으로 나가면 광한루*, 오작교, 영주각이 좋고, 북문 밖으로 나가면 푸른 하늘에 깎아 세운 듯 높이 치솟은 산은 남에게 굽히지 않으려는 성질이 있어 우뚝 섰으니 좋고, 기이한 바위가 두둥실 솟은 교룡 산성 좋으니, 마음 내키는 대로 가사이다."

도련님이 하는 말이,

"광한루, 오작교 경치가 좋을 것 같다. 구경 가자."

도련님 거동 보소. 사또 전에 들어가서 공손히 여쭙기를,

"오늘 날씨가 화창하니, 잠깐 나가 풍월을 읊조리고, 시의 상념도 가다듬고 싶어 성이나 돌아보고 오겠습니다."

사또는 크게 기뻐하면서 허락하시고 말씀하시되,

"이 고장 경치를 구경하고 돌아오되, 시를 쓸 만한 글감을 생각해라."

도령이 대답하기를,

광한루

---

* 광한루(廣寒樓)　전라 북도 남원읍에 있는 누정.

"아버님 분부대로 하겠습니다."

물러나와,

"방자야, 나귀에 안장을 지워라."

방자가 분부 듣고 나귀 등에 안장을 얹는다. 나귀에게 안장을 지울 때, 온갖 치장을 요란하게 하고 나서,

"나귀 준비 다 되었소."

도련님 거동 보소. 옥 같은 얼굴과 신선 같은 풍채에 채머리 곱게 빗어 밀기름에 잠재워 맵시 있게 잡아따고, 나귀 타고 나올 때, 잔심부름 하는 구실아치 하나가 뒤를 따라 나왔다. 그러니 남원의 성 안에 있는 사람치고 어느 누가 사랑하지 않겠는가?

광한루에 올라 사면을 살펴보니, 경치가 기막히게 좋다.

한 곳을 바라보니, 울긋불긋 흐드러지게 꽃이 피어 있는데, 앵무, 공작이 날아들고, 산천의 경치를 둘러보니, 뒤로 조금 휘어져 굽은 반송솔과 떡갈나무 잎은 봄바람을 이기지 못해 흐늘흐늘 흔들리고, 폭포가 쏟아져 흐르는 시냇가에 피어 있는 꽃은 벙긋벙긋 웃고 있다. 가지가 축축 늘어진, 키 큰 소나무는 울창하니, 녹음이 우거진 이 시절이 꽃이 피는 철보다도 아름답구나!

또 한 곳을 바라보니, 어떤 미인이 봄철의 새 울음과 마찬가지로 온갖 감정을 이기지 못해서, 진달래꽃을 질끈 꺾어 머리에도 꽂아 보며, 함박꽃도 질끈 꺾어 입에 함씬 물어 보고, 아름답고 고운 손의 비단 적삼을 반만 걷고 푸른 산이 비친 맑은 물에 손도 씻고 발도 씻고, 물을 머금어 양치하며, 조약돌 덥석 쥐어 버들가지의 꾀꼬리를 희롱하니, 수양버들 사이에서 우는 꾀꼬리를 쳐서 가지에서 떠나게 한다는 말은 바로 이런 것이 아니겠는가?

버들잎도 주루룩 훑어 물에 휠휠 띄워 보고, 흰눈 같은 흰 나비, 수펄·암나비는 꽃을 물고 너울너울 춤을 춘다. 황금 같은 꾀꼬리는 숲숲

마다 날아든다.

광한루의 경치도 좋거니와 오작교가 더욱 좋다. 오작교가 분명하다면, 견우와 직녀는 어디 있느냐. 이런 아름다운 곳에서 어찌 시흥이 일어나지 않을 수 있겠는가?

이 때는 일 년 중 가장 좋은 오월 단옷날*이었다.

이 때, 월매의 딸 춘향이도 시와 글씨와 음악에 능통하니, 단옷날을 모르겠는가?

그네를 타려고 향단을 앞세우고 내려온다. 난초같이 고운 머리, 두 귀를 눌러 곱게 땋아 봉황이 새겨진 금비녀를 반듯하게 지르고, 얇은 비단 치마를 두른 허리, 햇볕을 덜 받은 가는 버들이 힘없이 드리운 듯, 아름답고 고운 태도, 아장아장 걸어, 흐늘흐늘 걸어, 가만가만 나온다.

길게 뻗어 있는 숲 속으로 들어가니, 푸른 숲과 꽃다운 풀이 우거져, 금잔디 좌르륵 깔린 곳에 황금 같은 꾀꼬리는 쌍쌍이 가고 오고 날아온다. 무성한 버들의 백 자 높이에 높이 매고 그네를 타려 할 적에, 무늬를 수놓은 초록장옷*, 남방사 홑단치마 훨훨 벗어 걸어 두고, 자줏빛 비단옷과 수가 놓인 비단 가죽신을 썩썩 벗어 던져 두고, 진솔속곳* 턱 밑에 훨씬 올려 주고, 삼으로 된 그넷줄을 섬섬옥수 넌지시 들어 양 손에 갈라 잡고, 흰 비단버선 두 발길로 슬쩍 올라 발을 구른다.

실버들 같은 고운 몸을 단정히 노니는데, 뒷단장 옥비녀, 쪽에 꽂는 꼬지개와 앞치레를 볼 것 같으면, 호박으로 만들어진 장도칼, 옥으로 된 장도며 비단으로 지어진 겹저고리, 옷고름에 태가 난다.

향단아, 밀어라. 한 번 굴러 힘을 주며 두 번 굴러 힘을 주니, 발 밑에

---

* **단옷날** 음력 5월 5일을 이르는 말. 여자는 창포 물에 머리를 감고 그네를 뛰며, 남자는 씨름을 하고 놂.
* **초록장옷** 여자가 나들이할 때 얼굴을 가리기 위해서 머리에서부터 내리 쓰던 옷.
* **진솔속곳** 모시로 지은 아랫도리 속옷.

가는 티끌 바람따라 펄펄, 앞뒤가 점점 멀어 간다. 머리 위의 나뭇잎은 물을 따라 흐늘흐늘 오고갈 적에 살펴보니, 녹음 속에 붉은 치맛자락이 바람결에 내비친다.

구만리 먼 하늘의 흰구름 속에 번갯불이 번쩍이는 듯, 눈앞에 있는가 하면 문득 등 뒤에 있어, 눈앞에서 어른거리는 모습은 가벼운 저 제비가 복사꽃 한 잎 떨어질 적에 차려고 쫓아가는 듯하고, 뒤로 번쩍하는 모습은 사나운 바람에 놀란 나비가 짝을 잃고 가다가 돌아서는 듯, 선녀가 구름 타고 땅에 내려오는 듯, 나뭇잎도 물어 보고, 꽃도 질끈 꺾어 머리에다 실근실근,

"이 애, 향단아. 그네 바람이 독해서 정신이 어질어질하다. 그넷줄을 붙들어라."

붙들려고 수없이 나아갔다 물러섰다 하며 한참 이렇게 노닐 적에, 시냇가 너럭바위 위에 옥비녀 떨어져 쟁그랑 소리나고, '비녀, 비녀' 하는 소리, 산호채를 들어 옥소반을 깨뜨리는 듯, 그 모습은 세상 인물이 아니었다. 봄철에 제비가 날아왔다 날아가니, 이 도령의 마음이 답답하고 정신이 어질어질해서 별 생각이 다 나겠다. 혼자말로 중얼거리되,

"선녀도 올 리 없고, 미인도 올 리 없고, 조비연*도 올 리 없고……."

도련님은 정신이 어질어질해서 몸이 괴롭다. 진실로 장가를 안 간 총각이구나.

"방자야!"

"예."

"저 건너 꽃과 버들 속에 오락가락, 희뜩희뜩, 어른어른하는 게 무엇인지 자세히 보아라."

방자가 살펴보고 말하기를,

---

* 조비연 중국 한나라 성제의 후궁. 몸의 가볍기가 제비 같다 하여 날아가는 제비라고 했음.

"다른 무엇이 아니라, 이 고을 기생 월매 딸 춘향이란 계집아이옵니다."

도련님, 엉겁결에 하는 말이,

"매우 좋다, 훌륭하다!"

방자가 아뢰기를,

"제 어미는 기생이지만, 춘향이는 도도하여 기생 구실 마다하고, 꽃이나 풀잎을 보고 글자도 생각하고, 여자의 재주며 문장을 아울러 갖추어서 여염집 처녀와 다름이 없사옵니다."

도령이 허허 웃고 방자를 불러 분부하되,

"들은즉, 기생의 딸이라니 급히 가서 불러 오너라."

방자놈이 말하기를,

"눈처럼 흰 살갗과 꽃처럼 고운 얼굴이 고을에 유명해서, 엄지발가락이 두 뼘 가웃씩 된 양반들도 무수히 보려 하지만, 곧은 정절을 품었으니, 황공한 말씀이나 불러 오기 어렵사옵니다."

도령이 크게 웃고,

"방자야, 네가 이 세상 만물에는 주인이 있다는 걸 모르는구나. 잔말 말고 불러 오너라."

방자가 분부 듣고 춘향을 불러 오러 건너갈 제, 맵시 있는 방자 녀석 이리저리 건너가서,

"여봐라, 애 춘향아!"

부르는 소리에 춘향은 깜짝 놀라,

"무슨 소리를 그 따위로 질러 사람의 정신을 놀라게 하느냐?"

"얘야, 말 마라. 일이 났다."

"일이라니, 무슨 일?"

"사또 자제 도련님이 광한루에 오셨다가 너 노는 모양 보고 불러 오란 영이 났다."

춘향이 화를 내어,

"네가 미친 자식이구나. 도련님이 어찌 나를 알아서 부른단 말이냐. 이 자식, 네가 내 말을 종달새가 삼씨 까먹듯 하였나 보다."

"아니다. 내가 네 말을 할 리가 없다. 네가 그르지, 내가 그르냐. 너, 그른 내력을 들어 봐라. 계집아이 행실로 그네를 타려거든, 네 집 뒤뜰 담장 안에 줄을 매고, 남이 알까 모를까 은근히 매고 그네를 타는 게 도리에 맞는 일이다. 광한루가 여기서 멀지 않고, 또한 이 곳으로 말할 것 같으면, 푸른 숲과 꽃다운 풀이 꽃 피는 시절보다 더 좋은 때여서, 향기로운 풀은 푸르렀는데, 앞내 버들은 초록 휘장 두르고, 뒷내 버들은 푸른 휘장 둘러 똑같이 늘어지고, 또 한 가지는 펑퍼져서 사나운 바람을 이기지 못해 흐늘흐늘 춤을 추고 있다. 그런데 광한루를 구경하는 곳에 그네를 매고 네가 뛸 적에, 외씨 같은 두 발길로 흰구름 사이에 노닐 적에 붉은 치맛자락이 펄펄, 흰 속곳 가랑이가 동남풍에 펄렁펄렁, 박 속 같은 네 살결이 흰구름 사이에 희뜩희뜩, 도련님이 보시고 너를 부르시지, 내가 무슨 말을 한단 말이냐. 잔말 말고 건너가자."

춘향이 대답하기를,

"네 말이 당연하나, 오늘이 단옷날이어서 비단 나뿐이랴. 다른 집 처녀들도 여기 와서 함께 그네를 탔을 뿐만 아니라, 설사 내 말을 한다 할지라도, 내가 지금 관아에 나가 일하는 기생이 아니거든, 여염집 사람을 오라 가라 부를 리도 없고, 부른 대도 갈 리 없다. 애당초 네가 말을 잘못 들었을 게다."

방자는 광한루로 돌아와 도련님께 말하자, 도련님이 그 말을 듣고,

"기특한 사람이구나. 말인즉 옳다마는, 다시 가 말을 하되 이리이리 해라."

방자가 전갈을 모아 춘향에게 건너가니, 그 사이에 제 집으로 돌아가

고 없었다. 제 집으로 찾아가니, 모녀가 마주 앉아 한창 점심밥을 먹는 중이었다. 방자가 들어가자,

"너 왜 또 왔느냐?"

"황송하다. 도련님이 다시 전갈하시더라. '내가 너를 기생으로 아는 게 아니라, 듣자니까 네가 글을 잘한다기에 청하는 것이다. 여염집에 있는 처녀를 불러 보는 것이 듣기에 괴이하기는 하나, 께름칙하게 알지 말고 잠깐 와 다녀가라.' 하시더라."

춘향의 생각하는 뜻이 연분이 되려고 그러한지, 문득 생각하니 갈 마음이 났다. 하지만 모친의 뜻을 몰라 한참 동안 속으로 깊이 생각하면서 말을 않고 앉았는데, 춘향의 어미가 썩 나앉아 정신 없이 말을 하기를,

"꿈이라는 것이 아주 허사는 아니구나. 간밤에 꿈을 꾸니, 난데없이 청룡 한 마리가 복숭아나무가 있는 연못에 잠겨 보이기에, 무슨 좋은 일이 있을까 하였더니, 우연한 일이 아니구나. 또한 들으니, 사또 자제 도련님의 이름이 몽룡이라 하니, 꿈몽자, 용용자 신통하게 맞추었다. 그러나저러나 양반이 부르시는데 아니 갈 수 있겠느냐. 잠깐 다녀오너라."

춘향이가 그제서야 못이기는 체하며 겨우 일어나 광한루를 건너갈 때, 대들보에 명매기 걸음으로, 양지 마당에 씨암탉 걸음으로, 흰 모래밭에 금자라 걸음으로, 달 같은 모습과 꽃 같은 얼굴, 고운 태도로 느릿느릿 건너갈 때, 흐늘거려 건너올 때, 도련님은 난간에 절반만 비켜서서 천천히 바라보았다.

춘향이가 건너오는데, 광한루에 가까워지자, 도련님이 좋아하며 자세히 살펴보았다. 요염하면서도 정숙하고 고요한데, 달 같은 모습과 꽃 같은 얼굴은 세상에 다시 없이 아름답게 보였다. 얼굴이 조촐하니, 맑은 강에 날아오는 학이 달빛 속의 눈밭에 비치는 것 같고, 붉은 입술과 하얀 이를 반쯤 여니 별 같기도 하고 옥 같기도 했다.

연지를 품은 듯 고운 모습은 어려 있던 안개가 석양에 비치는 듯하고, 푸른 치마가 영롱하여 아름다운 광채는 은하수 물결 같다. 조심조심, 고운 걸음걸이를 똑바로 옮겨 천연스럽게 누각에 올라와서 부끄러이 서 있자, 방자를 불러,

"앉으라고 해라."

춘향의 고운 태도, 조심스럽게 앉는 거동을 자세히 살펴보았다. 흰 돌이 깔린 푸른 강가에 새로 비가 내린 뒤에 목욕하고 앉아 있는 제비가 사람을 보고 놀라는 듯하였다.

별로 단장하지 않았는데도 기막히게 아름다운 천연스런 미인이었다. 아름다운 얼굴을 마주 앉아 보니, 구름 사이로 흐르는 밝은 달이요, 붉은 입술을 반쯤 여니 연못 속의 연꽃이로구나. 신선을 나는 모르지만, 네 얼굴, 네 태도는 세상 인물이 아니로다.

이 때, 춘향이가 눈을 잠깐 들어 이 도령을 살펴보니, 금세의 호걸이요, 티끌 세상의 고귀한 남자였다. 이마가 높으니 소년 시절에 공명을 이룰 것이요, 이마, 코, 턱, 좌우 광대뼈가 조화를 이루었으니 나라 위해 헌신할 충신이 될 모습이었다. 그래서 마음 속으로 흠모하여, 가늘고 길게 늘어진 아름다운 눈썹을 숙이고 무릎을 여미어 단정히 앉아 있을 뿐이었다. 이 도령이 하는 말이,

"성현도 성이 같은 사람하고는 혼인을 않는다 했으니, 네 성은 무엇이며 나이는 몇 살이뇨?"

"성은 성가이고, 나이는 열여섯 살이옵니다."

이 도령의 거동 보소.

"허허, 그 말 반갑구나. 네 나이를 들어 보니, 나하고 동갑인 이팔이구나. 성자를 들어 보니, 하늘이 정해 주신 것이 분명하다. 두 성이 합해지는 좋은 연분, 평생 동고동락하여 보자. 너의 부모는 다 계시느냐?"

"어머니만 계십니다."

"몇 형제나 되느냐?"

"올해 예순 되신 어머니의 외동딸 나 하나요."

"너도 남의 집 귀한 딸이로구나. 하늘이 정해 주신 연분으로 우리 둘이 만났으니, 평생토록 행복을 누려 보자."

춘향의 거동 보소. 고운 눈썹 쫑긋거리며 붉은 입술 반쯤 열고 가는 목 겨우 열어 고운 목소리로 말하기를,

"충신은 두 임금을 섬기지 않고, 절개가 곧은 여자는 두 지아비를 섬기지 않는다는 말이 있습니다. 도련님은 귀공자요, 소녀는 천한 첩의 몸에서 나온 여자입니다. 한 번 정을 준 연후에 버리시면, 한 조각 붉은 이 내 마음, 텅 빈 방을 지키면서 홀로 누워 우는 한은 이내 신세가 아니면 누구일꼬. 그런 분부 마십시오."

이 도령이 하는 말이,

"네 말을 들어 보니, 어찌 기특하지 않겠느냐. 우리 둘이 인연 맺을 적에 금석처럼 굳은 약속을 하겠다. 네 집이 어디냐?"

춘향이 말하기를,

"방자 불러 물어 보십시오."

이 도령이 허허 웃고,

"내가 너더러 묻는 일이 허황하다. 방자야!"

"예."

"춘향의 집이 어디인지 말해 봐라."

방자가 손을 들어 가리키는데,

"저기 저 건너 동산은 울창하고 연못은 맑디맑은데, 물고기를 기르면 바람이 일어나고, 그 가운데 아름다운 꽃과 풀이 흐드러져, 나무나무에 앉은 새는 호화롭게 사치하는 걸 자랑하고, 바위 위에 구부러진 솔은 맑은 바람이 건듯 부니 늙은 용이 서려 있는 듯하고, 있는 듯 없

는 듯한 문 앞의 버들, 들쭉나무, 측백나무, 전나무며 그 가운데 은행나무는 음양을 따라 마주 서고, 오동나무, 대추나무, 깊은 산중 물푸레나무, 포도, 다래, 덩굴나무 넌출 휘휘친친 감겨 낮은 담 밖에 우뚝 솟았는데, 소나무 정자가 대밭 숲 사이로 은은히 뵈는 게 춘향의 집이지요."

도련님이 하는 말이,

"담장 안의 정원이 정결하고, 소나무와 대나무가 빽빽이 우거졌으니, 여자의 절개와 행실을 가히 알겠구나."

춘향이 일어나면서 부끄러운 듯이 말하기를,

"세상 인심 고약하니, 그만 놀고 가겠소."

도련님이 그 말 듣고,

"기특하다. 그럴 듯한 일이구나. 오늘 밤 퇴령* 후에 너의 집에 갈 것이니 괄시나 부디 마라."

춘향이 대답하되,

"나는 몰라요."

"네가 모르면 쓰겠느냐. 잘 가거라. 오늘 밤에 만나자."

누각에서 내려서서 건너가니, 춘향 어미 마주 나와,

"애고, 내 딸 다녀오냐. 도련님이 뭣이라 하시더냐?"

"뭣이라 하여요. 조금 앉았다가 가겠노라 일어나니, 저녁에 우리 집 오시마 합디다."

"그래, 어찌 대답하였느냐?"

"모른다 하였지요."

"잘 하였다."

---

* **퇴령(退令)** 관청의 부하들에게 물러감을 허락하는 명령.

사랑

이 때, 도련님이 춘향을 애련히 보낸 후에, 잊을 수 없는 미련을 둘데 없어 책방으로 돌아와 모든 일에 뜻이 없고, 다만 생각이 춘향이었다. 말소리가 귀에 쟁쟁하고, 고운 태도가 눈에 삼삼하였다.

해가 지기를 기다리고 있다가 방자를 불러,

"해가 어느 때나 되었느냐?"

"동에서 아귀 트나이다*."

도련님이 크게 화를 내어,

"이놈, 괘씸한 놈. 서로 지는 해가 동으로 도로 간단 말이냐. 다시금 살펴봐라."

이윽고 방자가 말하기를,

"해는 져서 황혼 되고, 달은 동쪽 재에서 나옵니다."

저녁밥이 맛이 없어 이리 뒤척 저리 뒤척 어찌하리. 퇴령이 떨어지기를 기다리라 해 놓고, 책을 보려고 할 때였다.

책상 앞에 놓고 서책을 상고하는데, 〈중용〉, 〈대학〉, 〈논어〉, 〈맹자〉, 〈시전〉, 〈서전〉, 〈주역〉이며 이백, 두보, 〈천자문〉까지 내어놓고 글을 읽는데, 〈시전〉*이었다.

"암수가 화목한 소리를 내며 살아가는 물수리는 강 속의 섬에 있도다. 정숙하고 기품 있는 여자는 남자의 좋은 짝이로다. 아서라, 그 글도 못 읽겠다."

〈대학〉이라는 책을 읽으니까,

"대학의 근본 정신은 밝은 덕을 밝힘에 있고, 백성을 새로워지게 함에 있으며, 춘향이에게 있도다. 그 글도 못 읽겠다."

---

* 동에서 아귀 트다 이제 막 동이 트다.
* 〈시전(詩傳)〉 공자가 엮었다고 하는 시집인 시경을 풀이해 놓은 책.

〈주역〉이라는 경서를 읽는데,

"원은 형이고 정이고 춘향이고 딱댄코 조코 하니라. 그 글도 못 읽겠다."

〈맹자〉라는 경서를 읽는데,

"맹자가 양혜왕을 찾아가자, 왕이 말하기를, 어르신께서 천 리도 멀다 않으시고 찾아오시니, 춘향이 보시려 하십니까?"

〈사략〉이라는 역사책을 읽는데,

"태고에 천황씨가 쑥떡*으로 왕이 되어······."

방자 여쭈되,

"여보, 도련님. 천황씨가 목덕으로 왕이란 말은 들었으되 쑥떡으로 왕이란 말은 처음 듣는 말이오."

"이놈, 너 모른다. 천황씨 일만팔천 세를 살던 양반이라, 이가 단단하여 목떡을 잘 자셨거니와, 시속 선비들은 목떡을 먹겠느냐? 시속 선비들은 이가 부족하여 목떡을 못 먹기로 물씬물씬한 쑥떡으로 고쳤나니라."

방자 듣다가 말하기를,

"하느님이 들으시면 깜짝 놀라실 거짓말도 듣겠소."

또, 적벽부라는 글을 들여 놓고,

"소동파가 친구와 더불어 적벽강에서 배를 타고 노는데, 맑은 바람은 서서히 불어 오고 물결은 잔잔하다. 아서라, 그 글도 못 읽겠다."

〈천자문〉을 읽으니까,

"하늘 천 따 지."

방자 듣고,

"도련님, 천자문은 웬일이오?"

---

* **쑥떡** 원래는 목덕(木德:나무의 기운)이다.

"천자문이라 하는 글은 낱낱이 새겨 보면 뼈똥 쌀 일 많지야."

"소인 놈도 천자 속은 아옵니다."

"네가 알더란 말이냐?"

"알고말고지요."

"안다 하니 읽어 봐라."

"예, 들으시오. 높고 높은 하늘 천(天), 깊고 깊은 따 지(地), 홰홰친친 검을 현(玄), 불타겠다 누를 황(黃)."

"에이놈, 상놈이 틀림없구나. 이놈, 어디서 장타령하는 놈의 말을 들었구나."

이 때, 이 도령은 퇴령이 나기를 기다리고 있을 적에,

"방자야! 퇴령이 났는지 보아라."

"아직 안 났소."

조금 후에, 하인 물러가라는 소리가 길게 나니,

"좋다 좋다, 옳다 옳다. 방자야, 등롱에 불 켜라."

방자가 뒤를 따라 춘향의 집으로 건너갈 제, 자취 없이 가만가만 걸으면서,

"방자야, 등롱을 옆에 껴라."

문 밖으로 썩 나서 좁은 길 사이로 들어서면, 달빛은 영롱하고, 꽃 사이의 푸른 버들은 몇 번이나 꺾었으랴. 맞붙어 재주 겨루기를 하는 소년 아이들은 밤에 기생집으로 들어갔으니 지체 말고 어서 가자.

그럭저럭 이르니, 오늘 밤은 가련하도록 고요해서, 가히 좋은 일을 기대할 수 있을 게 아니냐. 가소롭다. 고기잡이하는 뱃사공은 무릉도원으로 가는 길을 모르던가?

춘향의 집 앞에 다다르니, 사람은 없고 밤은 깊은데, 달빛은 삼경이었다. 치뛰는 물고기는 출몰하고, 대접 같은 금붕어는 임을 보고 반기

는 듯하며, 달빛 아래 두루미는 흥을 못이겨 짝을 부른다.

이 때, 춘향은 칠현금을 비껴 안고 남풍시*를 희롱하다가 잠자리에서 졸고 있었다. 방자가 안으로 들어가, 개가 짖을까 염려하여 발자국 소리 안 나게 가만가만 춘향의 방 창 밑으로 들어가서,

"이 애, 춘향아! 잠들었냐?"

춘향이 깜짝 놀라,

"네 어찌 왔냐?"

"도련님이 와 계시다."

춘향이가 이 말을 듣고 가슴이 울렁울렁, 속이 답답하여 부끄럼을 못이기어 문을 열고 나오더니, 건넌방으로 건너가서 저의 모친 깨우는데,

"애고, 어머니! 무슨 잠을 이렇게 깊이 주무시오."

춘향 어미 잠을 깨어,

"아가, 뭘 달라고 부르느냐?"

"누가 뭘 달라고 했소."

"그러면 어찌 불렀느냐?"

엉겁결에 하는 말이,

"도련님이 방자 모시고 오셨다오."

춘향이 어미 문을 열고 방자를 불러 묻는 말이,

"누가 왔다고?"

방자가 대답하기를,

"사또 자제 도련님이 와 계시오."

춘향 어미 그 말 듣고,

"향단아!"

"예."

---

* 남풍시(南風詩) 부모의 은혜를 예찬하고 효행을 가르치는 노래.

"뒤꼍 초당에 자리 깔고 등촉 밝혀 조촐히 치워 두어라."

당부하고 춘향 어미가 나오는데, 세상 사람이 다 춘향 어미를 일컫더니, 과연 그럴 만하구나. 예부터 사람이 외탁을 많이 하므로 춘향 같은 딸을 낳았구나. 춘향 어미 나오는데, 거동을 살펴보니, 반백이 넘었는데, 소탈한 모양이며 단정한 거동이 유난히 정정하고, 살이 풍만하여 복이 많아 보였다.

수줍고 점잖게 발막*을 끌고 나오는데, 가만가만 방자 뒤를 따라온다. 이 때, 도련님이 이리저리 어정거리면서 무료하게 서 있을 때, 방자가 나와서 말하기를,

"저기 오는 게 춘향의 어미요."

춘향 어미가 나오더니 두 손을 맞잡고 우뚝 서면서,

"그새에 도련님 문안이 어떠한지요."

도련님은 반만 웃고,

"춘향의 모친이라지……. 평안한가?"

"예, 겨우 먹고 삽니다. 오실 줄 진정 몰라, 영접이 민첩하지 못했습니다."

"그럴 리가 있나?"

춘향 어미가 앞을 서서 인도하여 대문, 중문 다 지나고 뒷마당으로 돌아가니, 오래 된 초당에 등롱이 밝혀져 있다.

버들가지 늘어져 불빛을 가린 모양이 구슬발이 갈고랑이에 걸린 듯하고, 오른쪽의 벽오동은 맑은 이슬이 뚝뚝 떨어져 학의 꿈을 깨우는 듯하며, 왼쪽에 서 있는 소나무는 사나운 바람이 건듯 불면 늙은 용이 굼니는 듯하며, 창 앞에 심은 파초는 일기가 따뜻해지기 시작하자 속잎이 솟아나와 봉의 꼬리처럼 빼어났다.

---

* 발막 옛날에 늙은이가 마른 땅에서만 신던 신.

구슬처럼 맑은 물 속에 어린 연꽃은 물 밖에 간신히 떠서 맑은 이슬을 받치고 있고, 대접 같은 금붕어는 물고기가 변하여 용이 되려 하고, 때때로 물결쳐서 출렁출렁 굼실 놀 때마다 조롱한다.

새로 나오는 연잎은 받을 듯이 벌어지고, 돌을 쌓아서 만든 산은 층층이 쌓여 있는데, 섬돌 아래의 학두루미는 사람을 보고 놀라서 두 죽지를 떡 벌리고 긴 다리로 징검징검 끼룩뚜르르 소리지르며, 계수나무 꽃 밑에서 삽살개가 짖는구나. 그 중에 반가운 것은 못 가운데 있는 쌍오리가 손님 오신다고 두둥실 떠서 기다리는 모양이다.

처마에 다다르니, 춘향은 그제야 저의 모친의 명령이 떨어지기를 기다렸다가 비단 창을 반쯤 열고 나온다. 모양을 살펴보니, 뚜렷하게 둥글고 밝은 달이 구름 밖에 솟았는데, 황홀한 저 모양은 헤아리기 어렵구나. 부끄러이 당에 내려서서 천연히 서 있는 거동은 사람의 간장을 다 녹인다. 도련님은 반만 웃고 춘향더러 묻는 말이,

"피곤하지 않으며, 밥이나 잘 먹었느냐?"

춘향이 부끄러워 대답하지 못하고 묵묵히 서 있자, 춘향 어미가 먼저 당에 올라 도련님을 자리로 모신 후에 차를 들어 권하고, 담배 붙여 올리자, 도련님이 받아 물고 앉았다.

도련님이 춘향의 집에 오실 때는 춘향에게 뜻이 있어 와 계시지만, 밖에서는 무슨 할 말이 있을 듯하더니, 들어가 앉고 보니 별로 할 말이 없었다. 공연히 숨이 가쁘고 기침이 심하게 나는 증세가 있어 오한증이 들면서, 아무리 생각하되 별로 할 말이 없었다. 방 안을 둘러보면서 벽 위를 살펴보니 매우 보기 드문 기물이 놓였는데, 그것은 춘향의 어머니가 유명한 기생이어서 그 딸에게 주려고 장만한 것이었다.

춘향 어미 말하기를,

"귀중하신 도련님이 이 누추한 곳에 욕되게 왕림하시니, 황공하고 감격스럽사옵니다."

도련님은 그 말 한 마디에 말문이 열렸다.

"그럴 리가 왜 있는가? 우연히 광한루에서 춘향을 잠깐 보고 애틋한 마음으로 보냈기로, 꽃을 찾는 벌나비처럼 취한 마음일세. 오늘 밤에 온 뜻은 춘향의 모친을 보러 왔거니와, 자네 딸 춘향과 백 년 언약을 맺고자 하니, 자네의 마음이 어떠한가?"

춘향의 어미 말하기를,

"말씀은 황송하나, 들어 보시오. 성 참판 영감이 어명을 받들어 남원에 계시게 되었을 때, 솔개를 매로 잘못 보고 수청을 들라고 하시기에, 사또의 명령을 못 이기어 모신 지 석 달 만에 올라가신 후로 뜻밖에 아기가 들어서서 나온 것이 저것이오. 그런 연유를 말씀드렸더니, 젖줄 떨어지면 데려가겠다고 하시더니, 그 양반이 불행하여 세상을 버리시니, 보내지 못하였습니다. 저것을 길러 낼 때, 어려서 잔병조차 그렇게 많고, 일곱 살에 〈소학〉을 읽게 하고, 몸을 닦고 집안을 거느리는 법이며, 온화하고 양순한 마음을 기르는 법을 낱낱이 가르치니, 씨가 있는 자식이라 만사를 달통하더이다. 그러니 뉘라서 내 딸이라 하겠습니까? 집안 형편이 부족하므로, 재상 집안과 혼인하는 것은 부당하고, 사대부와 서인의 위아래가 미치지 않으니, 도련님 말씀은 잠시 춘향과 백년가약하신단 말씀이나, 그런 말씀 마시고 노시다가 가십시오."

이 말이 참말이 아니라, 도련님이 춘향을 얻는다 하니, 앞으로 어떻게 될지 몰라서 뒤를 눌러 두려고 한 말이었다.

이 도령, 기가 막혀,

"좋은 일에 걸리는 것도 많군. 춘향도 시집가기 전이요, 나도 장가 가기 전일세. 피차간의 언약이 이러하고, 혼인 절차는 일일이 밟지 못할망정 양반의 자식이 한 입으로 두말할 리 있나?"

춘향 어미 이 말을 듣고,

"또, 내 말 들으시오. 옛 책에 쓰여 있기를, '신하를 아는 사람은 임금만한 이가 없고, 자식을 아는 사람은 아비만한 이가 없다.' 하였으니, 딸년을 아는 사람은 어미가 아닌가. 내 딸의 마음씨를 내가 알지요, 어려서부터 절개가 굳은 뜻이 있는데, 행여나 신세를 그르칠까 의심이 드오. 한 지아비를 섬기기 위한 행실이 철석같이 굳은 그 뜻이, 푸른 소나무나 푸른 대나무며 전나무가 사철을 다투는 듯하니, 뽕나무밭이 변하여 푸른 바다가 될지라도 내 딸 마음이야 변할 것인가. 금과 은과 비단이 산더미처럼 쌓여 있을지라도 받지 않을 것이요, 백옥 같은 내 딸의 마음에 맑은 바람인들 미칠 리가 있으리요. 다만 옛말씀을 본받으려고 할 뿐인데, 도련님은 욕심 부려 인연을 맺었다가, 장가가기 전에 도련님이 부모 몰래 깊은 사랑을 금석같이 맺었다가, 소문나서 버리시면, 옥결 같은 내 딸의 신세는 무늬 좋은 진주, 고운 구슬, 구멍 노리개가 깨지고, 맑은 강에 놀던 원앙새가 짝 하나를 잃었다 한들 어찌 내 딸 같을 것인가? 도련님이 찾아온 뜻이 말과 같을진대 마음 속 깊이 헤아려서 행하시오."

도련님은 더욱더 답답하여,

"그건 두 번 염려 마소. 내 마음 속 헤아리니, 특별히 간절하게 굳은 마음이 가슴 속에 가득하니, 지키는 도리는 다를망정 저와 내가 평생 가야 맺을 적에 혼인 절차 밟지 않은들 푸른 바다처럼 깊은 마음이 춘향의 사정을 모르겠는가?"

이렇게 이야기하니, 청실홍실 혼인 절차를 갖추어 만난다 해도 이 위에 더 뾰족할 것인가?

"내, 저를 첫번째 아내같이 여길 테니, 부모님 모신다고 염려 말고, 미혼 전인 것도 염려 마소. 대장부 먹은 마음을 박대하는 행실이 있을 것인가. 허락만 하여 주소."

춘향 어미, 이 말 듣고 한참 동안 앉았더니, 꿈의 조짐이 있는지라,

연분인 줄 짐작하고 기꺼이 허락하였다.

"남원에 춘향 나매 오얏꽃 봄바람이 꽃답다. 향단아, 술상 차려 놓았느냐?"

"예."

대답하고 술과 안주를 차릴 적에 안주 등을 볼 것 같으면, 차림새도 정결하고 온갖 음식이 두루 갖춰져 있다.

이 도령이 하는 말이,

"오늘 밤에 하는 절차를 보니, 관청이 아닌데도 어찌 그리 모든 걸 갖추었는가?"

춘향 어미 말하기를,

"내 딸 춘향 곱게 길러 좋은 신랑감 가리어서 평생토록 화목하게 즐거움을 누릴 적에, 사랑에서 노는 손님, 영웅 호걸 문장들과 소꿉동무 벗님네, 밤낮으로 즐기실 적에, 내실의 하인 불러 밥상, 술상 재촉할 적에, 보고 배우지 못하고는 어찌 준비해 놓고 기다리겠습니까? 아내가 어리석고 둔하여 민첩하지 못하면 남편의 체면을 깎는 것이지요. 내 생전에 힘써 가르쳐서 아무쪼록 본받아 행하라고 돈 생기면 사 모아서 손으로 만들어서 눈에 익고 손에 익히려고 한 시 반 시도 놀지 않고 시켰습니다. 부족타 마시고 입맛대로 잡수시오."

앵무잔에 술을 가득 부어 도련님께 드리니, 도령이 그 잔을 받아 손에 들고 탄식하여 하는 말이,

"내 마음대로 할 것 같으면 정식으로 혼인 절차를 밟을 것이나, 그렇게 하질 못하고 개구멍 서방이 되어 들어오고 보니, 어찌 원통하지 않겠는가? 이 애, 춘향아! 그러나 우리 둘이 이 술을 혼인식의 술로 알고 먹자."

술 한 잔 부어 들고,

"너, 내 말 들어 보아라. 첫째 잔은 인사로 마시는 술이요, 둘째 잔은

신랑, 신부가 서로 잔을 바꾸어 마시는 술이다. 우리의 연분은 삼생가약 맺은 연분이니, 천만 년이라도 변하지 않을 연분이다. 대대로 자손이 많이 번성하여 손자, 증손, 고손이며 무릎 위에 앉혀 놓고 죄암죄암, 달강달강, 백세토록 장수하다가 한날 한시에 마주 누워 죽으면 천하에 제일 가는 연분이지."

술잔 들어 잡순 후에,

"향단아, 술 부어 너의 마나님께 드려라."

"장모, 경사스러운 술이니 한 잔 먹소."

춘향의 어미, 술잔 들고 한편으로 기뻐하고 한편으로 슬퍼하면서 하는 말이,

"오늘이 딸자식의 백년고락을 맡기는 날이니, 무슨 슬픔 있을까마는, 저것을 길러 낼 제, 애비 없이 섧게 길러 이 때를 당하니, 영감 생각이 간절하여 마음이 아프고 슬프옵니다."

도련님이 하는 말이,

"이미 지나간 일 생각 말고 술이나 먹소."

춘향 어미 서너 잔 먹은 후에 잔심부름꾼을 불러 상을 물려주면서,

"너도 먹고 방자도 먹여라."

잔심부름꾼과 방자가 상을 물려받아 먹은 후에 대문, 중문 다 닫히고, 춘향 어미는 향단이 불러 잠자리를 보라고 시켰다. 향단은 원앙금침 잣베개와 샛별 같은 요강, 대야 등, 자리를 깨끗이 깔아 놓고 나서,

"도련님, 평안히 쉬시지요. 향단아, 나오너라. 나하고 함께 자자."

둘이 다 건너갔구나.

춘향과 도련님이 마주 앉아 놓았으니, 그 일이 어찌 되겠느냐.

석양의 햇살을 비스듬히 받으면서 삼각산 제일봉에 봉황이 앉아 춤을 추는 듯, 두 활개를 뒤로 약간 구부정하게 들고 춘향의 섬섬옥수를 꼭 잡고 의복을 공교하게 벗기는데, 두 손길 썩 놓더니, 춘향의 가는 허

리를 담쏙 안고,

"비단 치마를 벗어라."

춘향이가 처음 당하는 일일 뿐만 아니라, 부끄러워서 고개를 숙여 몸을 틀 적에 이리 곰실 저리 곰실, 파란 물에 붉은 연꽃이 마파람을 만나 굼니는 듯, 도련님이 치마를 벗겨 제쳐놓고 바지 속곳 벗길 적에 무한히 실랑이를 편다. 이리 굼실, 저리 굼실, 동해의 푸른 용이 굽이치는 듯,

"아이고, 놓아요. 좀 놓아요."

"에라, 안 될 말이구나."

실랑이 중에 옷끈을 끌러 발가락에 딱 걸고서 껴안고 진득이 누르고 기지개를 쓰니, 발길 아래 떨어진다. 옷이 활짝 벗어지니, 백옥 덩이인들 이에 비교할 수 있을 것인가? 옷이 활씬 벗어지니, 도련님은 춘향의 거동을 보려고 슬그머니 놓으면서,

"아차, 아차, 손 빠졌다."

춘향이가 이불 속으로 달려든다. 도련님이 왈칵 쫓아 드러누워 저고리를 벗겨 내어 도련님의 옷과 모두 한데다 둘둘 뭉쳐 한편 구석에 던져 두고, 둘이 안고 마주 누웠으니, 그대로 잘 리가 있나.

하루 이틀 지나가니, 어린것들이어서 부끄럼은 차츰 멀어지고, 이제는 희롱도 하고 우스운 말도 있어서 자연히 사랑가가 되었구나.

사랑으로 노는데, 꼭 이런 모양으로 놀던 것이었다.

사랑 사랑 내 사랑이야.

연연한 칠월 칠석날 밤에 견우, 직녀 만난 사랑,

명사십리 해당화같이 연연히 고운 사랑,

네가 모두 사랑이로구나.

어화 둥둥 내 사랑아,

어화, 내 사랑이로구나.

이리 보아도 내 사랑,

저리 보아도 내 사랑,

이 보다 내 사랑 같으면 사랑 걸려 살 수 있나.

어허 둥둥 내 사랑, 네 예뻐 내 사랑이야.

빵긋빵긋 웃는 것은

화중왕 모란화가 하룻밤 가랑비 뒤에 반만 피고자 한 듯,

아무리 보아도 내 사랑.

춘향이 반만 웃고,

"그런 잡담은 말으시오."

이별

이 때, 뜻밖에 방자가 나와서,

"도련님, 사또께서 부르십니다."

도련님이 들어가자, 사또 말씀하시되,

"여봐라, 서울서 동부승지 교지*가 내려왔다. 나는 문서를 정리하고 갈 것이니, 너는 부녀자들을 모시고 내일 떠나거라."

도련님은 아버지의 분부를 듣고 한편으로는 반갑고, 한편으로는 춘향을 생각하니 가슴 속이 답답해서, 두 눈에서 더운 눈물이 펄펄 솟아 얼굴을 적시었다. 사또가 보시고,

"너 왜 우느냐. 내가 남원에서 한평생 살 줄 알았더냐. 좋은 자리로 승진되었으니 섭섭히 생각 말고, 길 떠날 행장을 급히 차려 내일 오전에 떠나거라."

---

* 교지(敎旨) 사품 이상의 벼슬의 사령.

겨우 대답하고 물러나와 관아의 안채로 들어가, 모친에게는 허물이 적은지라, 춘향의 말을 울면서 청하다가 꾸중만 실컷 듣고 춘향의 집으로 나왔다. 설움은 기가 막히나 길바닥에서 울 수 없어 참고 나오는데, 속에서 부글부글 끓는지라. 춘향의 집 앞에 이르니, 통째로 건더기째로 보채어 왈칵 쏟아져 나오니,

　"어푸어푸 어허!"

　춘향이 깜짝 놀라 왈칵 뛰어 내달아,

　"애고, 이게 웬일이오. 안으로 들어가시더니 꾸중을 들으셨소. 길을 오시다가 무슨 분한 꼴을 당하셨소. 서울서 무슨 기별 왔다더니, 친척의 상을 당하셨소. 점잖으신 도련님이 이것이 웬일이오?"

　춘향이 도련님 목을 담쏙 안고 치맛자락을 걷어 잡고 눈에서 흐르는 눈물을 이리 씻고 저리 씻으면서,

　"울지 마오, 울지 마오."

　도련님 기가 막혀, 울음이란 게 말리는 사람이 있으면 더 우는 것이렷다.

　춘향이 화를 내어,

　"여보, 도련님! 우는 입 보기 싫소. 그만 울고 내력 말이나 하오."

　"사또께서 동부승지가 되셨단다."

　"댁에 경사요. 그래서 그러면 왜 운단 말이오?"

　"너를 버리고 갈 터이니, 내 답답하지 않겠느냐?"

　"언제는 남원 땅에서 평생 사실 줄 아셨소. 나와 어찌 함께 가기를 바라겠소. 도련님 먼저 올라가시면, 나는 여기서 팔 것 팔고, 요담에 올라갈 것이니, 아무 걱정 마시오. 우리 식구가 가더라도 공밥 먹지는 않을 터이니, 그렁저렁 지내다가 도련님 나만 믿고 장가 안 갈 수 있소. 부귀 영화 누리는 재상집에서 요조 숙녀 가려 아침저녁으로 부모의 안부를 물어 살필지라도 아주 잊지는 마시오. 도련님이 과거에 급

제하여 벼슬이 높아져 지방으로 나가면 새로 급제한 사람의 첩이 행장을 꾸릴 때, 첩으로 내세우면 무슨 말이 되겠소. 그리 알아서 조처하오."

"그게 이를 말이냐? 사정이 그렇기로 네 말을 사또께는 못 여쭈고, 어머님께 여쭈니, 꾸중이 대단하시며, 양반의 자식이 부형 따라 먼 시골에 왔다가 기생을 첩으로 삼아 데려간단 말이 나면 장래를 위해서도 좋지 않고, 조정에 들어가 벼슬도 못 한다더구나. 불가불 이별하는 수밖에 없다."

춘향이 이 말을 듣더니, 몸을 꼿꼿이 세우고 왈칵 성을 내는 것이었다. 낯빛이 싹 변하여 머리를 흔들고 눈알을 굴리면서, 불그락 푸르락 눈을 축 내리깔고 눈썹이 꼿꼿해지면서 코가 발씬발씬하며, 이를 뽀드득뽀드득 갈며, 매가 꿩을 차는 듯하게 앉더니,

"허허, 이게 웬 말이오!"

왈칵 뛰어 달려들어 치맛자락도 와드득 좌드득 찢어 버리며, 머리도 와드득 쥐어뜯어 싹싹 비벼 도련님 앞에다 던지면서,

"무엇이 어쩌고 어째요. 이것도 쓸데없다!"

면경, 체경, 산호죽절을 내동댕이쳐서 방문 밖에 부딪치며 발도 동동 굴러 손뼉 치고 돌아앉아 한탄하는 노래조로 울면서 하는 말이,

"서방 없는 춘향이가 세간살이 무엇하며, 단장하여 뉘 눈에 들어 귀염받고 사랑받을꼬. 몹쓸 년의 팔자로다. 이팔청춘 젊은 것이 이별하게 될 줄 어찌 알랴. 부질없는 이내 몸을 허망하신 말씀으로 앞날의 신세 버렸구나. 애고애고, 내 신세야!"

천연스럽게 돌아앉아,

"여보, 도련님! 이제 금방 하신 말씀, 참말이오 농담이오. 우리 둘이 처음 만나 백 년 언약 맺을 적에 대부인과 사또께서 시키신 일인가요. 핑계가 웬일이오. 전년 오월 단옷날 밤에 내 손길 부여잡고 우둥

퉁퉁 밖에 나와 방 안에 우뚝 서서 별빛이 반짝거리는 맑은 하늘을 천 번이나 가리키며 만 번이나 맹세하기에, 내가 정녕 믿었더니, 마지막에 가실 때는 톡 떼어 버리시니, 이팔청춘 젊은 것이 낭군 없이 어찌 살꼬. 캄캄한 빈 방에서 기나긴 가을 밤에 시름상사 어찌할꼬. 애고애고, 내 신세야. 모질구나, 모질구나, 도련님이 모질구나! 독하도다, 독하도다, 서울 양반 독하도다! 원수로다, 원수로다, 존귀 비천이 원수로다! 천하에 다정한 것이 부부간의 정이 유별나건만, 이렇듯 독한 양반 이 세상에 또 있을까! 애고애고, 내 일이야. 여보, 도련님! 춘향 몸이 천하다고 함부로 버리셔도 그만인 줄 아지 마오. 박명한 첩 춘향이가 먹어도 달지 않아 밥 못 먹고, 잠을 자도 불안하여 잠 못 자면 며칠이나 살 듯하오. 상사병 들어 애통하다 죽게 되면 애원한 내 혼령이 원귀가 될 것이니, 존중하신 도련님이 그것인들 재앙이 아니겠소. 사람의 대접을 그렇게 하지 마오. 사람을 사귀는 법에 그런 법이 왜 있을꼬! 죽고 싶구나. 죽고 싶구나. 애고애고, 서럽구나!"

한참 이렇게 자지러지게 섧게 울 때, 춘향 어미는 영문도 모르고,

"애고, 저것들 사랑쌈이 났구나. 어 참, 아니꼽다. 눈구멍에 쌍가래톳 설 일 많이 보네."

하고, 아무리 들어도 울음이 장차 길어질 것만 같다.

하던 일을 밀쳐 놓고 춘향의 방 영창 밖으로 가만가만 들어가며 아무리 들어도 이별이구나.

"허허, 이것 별일났다."

두 손뼉 땅땅 마주 치면서,

"허허, 동네 사람 다 들어 보시오. 오늘날로 우리 집에 사람 둘 죽소."

두 칸 마루 날쌔게 올라 영창 문을 두드리며 우루룩 달려들어 주먹으로 겨누면서,

"이년, 이년, 썩 죽어라. 살아서 쓸데없다. 너 죽은 시체라도 저 양반이 지고 가게. 저 양반 올라가면 뉘 간장을 녹이려느냐. 내가 노상 이르기를. 후회되기 쉬우니라, 도도한 마음 먹지 말고 여염 사람 가려서 형세나 지체나 너와 같고, 재주 인물이 모두 너와 같은 봉황의 짝을 얻어, 내 앞에서 노는 모습을 내 눈으로 보았으면, 너도 좋고 나도 좋지. 마음이 도도하고 높아서 남과 유별나게 다르더니, 잘 되고 잘 되었다."

두 손뼉 꽝꽝 마주치면서 도련님 앞으로 달려들어,

"나하고 말 좀 해 봅시다. 내 딸 춘향이를 버리고 간다 하니, 무슨 죄로 그러시오. 춘향이 도련님 모신 지가 거의 일 년 되었으되, 행실이 그르던가? 예절이 그르던가? 바느질이 그르던가? 언어가 불순턴가? 잡스런 행실을 가져서 창녀가 되어 음란턴가? 무엇이 그르던가? 이 봉변이 웬일인가? 군자가 숙녀를 버리는 법이 어디 있는가? 내 딸 춘향이, 어린것을 밤낮으로 사랑할 때, 안고 서고 눕고 지며 백 년 삼만 육천 일에 떠나가지 말자 하고 밤낮으로 쉬지 않고 어르더니, 마지막에 갈 제는 뚝 떼어 버리시니, 꽃 지고 잎 지면 어느 나비가 다시 올까? 백옥 같은 내 딸 춘향의 부용 같은 몸도 홍안이 백발되면 한번 간 세월은 다시 오진 않네. 무슨 죄가 많아서 헛되이 백 년을 보내리까? 도련님 가신 후에 내 딸 춘향이 임 그리워할 때, 달 밝은 한밤중에 겹겹으로 쌓인 수심, 어린것이 서방 생각 절로 나서, 불꽃 같은 시름 상사가 가슴 속에서 솟아나, 북편을 가리키며 한양 계신 도련님도 나와 같이 그리워하시는지, 무정하여 아주 잊고 한 장의 편지도 하지 않으시는가? 긴 한숨에 떨어지는 눈물이 얼굴과 붉은 치마를 다 적시고 제 방으로 들어가서 옷도 벗지 않고 우는 것은 병이 아니고 무엇이오. 시름 상사 깊이 든 병, 내가 고치지 못해서 원통히 죽으면 올해 일흔 살 된 늙은 것이 딸 잃고 사위 잃고, 의지할 곳 없는 외로운 이

내 몸이 누굴 믿고 산단 말인가? 남 못 할 일 그리 마오. 애고애고, 설운지고. 못 하지요, 몇 사람 신세를 망치려고 데려가지 않소. 도련님의 대가리가 둘 돋았소. 애고, 무서워라, 이 몰인정한 사람아!"

왈칵 뛰어 달려드니, 이 말이 만일 사또에게 들어가면 큰 야단이 날 것 같거든,

"여보소, 장모! 춘향만 데려가면 그만두겠네그려."

"안 데려가고 견뎌 낼까?"

"너무 야단치지 말고 여기 앉아 말 좀 듣소. 춘향을 데려간다고 해도 쌍가마*를 태워 가자 하니, 필경에는 이 말이 날 것인즉 달리는 변통할 수 없네. 내 이 기막힌 중에 꾀 한 가지를 생각하고 있네마는, 이 말이 입 밖에 나가면 우리 선조 양반이 모두 망신을 할 말이로세."

"무슨 말이 그리 좋은 말이 있단 말인가?"

"내일 부녀자들이 나오실 때, 부녀자들 뒤에 조상의 신주를 모신 집이 나올 터이니, 모시는 일은 내가 하겠네."

"그래서요."

"그만하면 알지."

"나는 그 말 모르겠소."

"신주는 모셔 내어 내 소창옷 소매에다 모시고, 춘향은 신주 모시는 가마에 태워 갈 수밖에 없네. 걱정 말고 염려 마소."

춘향이 그 말을 듣고 도련님을 물끄러미 바라보더니,

"마소, 어머니! 너무 조르지 마소. 우리 모녀 평생 신세 도련님 손바닥 안에 매여 있으니, 알아서 하라고 당부나 하오. 이왕에 이별할 바에는 가시는 도련님을 왜 조를까마는, 우선 답답해서 그러지. 어머니, 건넌방으로 가시오. 내일은 이별을 해야 할 모양이오. 애고애고,

---

* 쌍가마 말 두 필이 각각 앞뒤 채를 매고 가는 가마.

내 신세야! 이별을 어찌할꼬. 여보, 도련님."

"왜야?"

"여보, 정말로 이별을 할 것이오."

촛불을 돋워 키우고, 둘이 서로 마주 앉아 갈 일을 생각하고 보낼 일을 생각하니, 정신이 아뜩하여 한숨을 내쉬고 눈물을 주체할 수 없었다. 애틋한 마음으로 목메어 슬피 울면서 얼굴도 대어 보고 손발도 만져 보며,

"나 볼 날이 몇 밤이오. 애닯다, 나쁜 수작, 오늘 밤이 마지막이니, 내 설운 원정 들어 보오. 육순에 가까운 나의 어머니, 일가 친척 하나도 없고, 다만 외동딸 나 하나뿐이오. 도련님께 의탁하여 지체를 높이고 고귀하게 되기를 바랐더니, 조물주가 시기하고 귀신이 해를 끼쳐 이 지경이 되었구나! 애고애고, 내 일이야. 도련님 올라가면 나는 누굴 믿고 산단 말이오. 천 가지 근심과 만 가지 한이 서린 회포가 밤낮으로 생각날 것이니, 이를 어찌하랴. 독수공방 기나긴 밤에 이리 뒤척 저리 뒤척 어찌하리. 쉬는 것이 한숨이요, 뿌리는 것이 눈물이라. 서릿바람 높은 절개로 만 리나 멀리 떨어진 곳에서 짝 잃은 저 기러기 소리를 뉘라서 막으며, 춘하추동 사철에 겹겹이 쌓인 풍경, 보는 것도 수심이요, 듣는 것도 수심이네."

애고애고 섧게 울 제, 이 도령이 하는 말이,

"춘향아, 울지 마라. 내가 올라간 뒤라도 창 앞에 달이 밝게 비치거든 천 리나 멀리 떨어진 나를 생각하며 부디 괴로워 마라. 너를 두고 가는 내가 하루 열두 때를 낸들 어찌 무심하겠느냐. 울지 마라. 울지 마라."

춘향이 또 울면서 하는 말이,

"도련님은 어딜 가거나 풍악 소리 울리고, 가는 곳마다 꽃과 달이 있을 것이오. 여자를 좋아하시는 도련님이 밤낮으로 호강하시며 노실

제, 나 같은 시골 천첩이야 손톱만큼이나 생각하겠소. 애고애고, 내 일이야!"

"춘향아, 울지 마라. 내 아무리 대장부인들 잠시라도 잊겠느냐?"

이 때, 도련님 모시고 갈 잔심부름꾼이 헐떡헐떡 들어오면서,

"도련님, 어서 행차하십시오. 안에서 야단났소. 사또께서 도련님 어디 갔느냐고 하시기에 소인이 여쭙기를, 놀던 친구하고 작별하러 문밖에 잠깐 나가셨다고 했으니, 어서 출발하십시오."

"말 대령했느냐?"

"말 마침 대령했소."

백마는 가자 하고 길게 울고, 아리따운 여인은 이별을 아쉬워하여 옷 깃을 잡는 격이로구나. 말은 가자고 네 굽을 치는데, 춘향은 말 아래 툭 떨어져 도련님의 다리를 부여잡고,

"날 죽이고 가면 갔지, 살리고는 못 가고 못 간다!"

말을 못 하고 기절하니, 춘향 어미가 달려들어,

"향단아, 찬물 어서 떠 오너라! 차를 달여 약 갈아라. 네, 이 몹쓸 년아! 늙은 어미 어쩌려고 몸을 이리 상하게 하느냐?"

춘향이 정신 차려,

"애고, 갑갑해라."

춘향 어미 기가 막혀,

"여보, 도련님! 남의 생때 같은 자식을 이 지경이 웬일이오. 마음씨 곧은 우리 춘향, 애통하여 죽거든 의지할 데 없는 외로운 이내 신세, 누굴 믿고 산단 말인고."

도련님 어이없어,

"여봐라, 춘향아! 네가 이게 웬일이냐. 나를 영영 안 보려느냐. 내가 이제 올라가서 장원 급제하고 출세하여 너를 데려갈 것이니, 울지 말고 잘 있거라. 울음을 너무 울면 눈도 붓고 목도 쉬고 골머리도 아프

다. 네가 나를 보려거든 설워 말고 잘 있거라."

춘향이 별수없어,

"여보, 도련님! 내 손의 술이나 마지막 잡수시오. 반찬 없이 가시게 되거든 내가 주는 찬합을 간직했다가 잠자리에서 나를 본 듯이 잡수시오. 향단아! 찬합, 술병 내오너라."

춘향이 술을 한 잔 가득 부어 눈물 섞어 드리면서 하는 말이,

"한양성 가시는 길에 강가의 나무가 짙푸르게 우거져 있거든, 멀리서 정을 품고 있는 사람이 있음을 생각하고, 좋은 시절이 되어 가는 비가 부슬부슬 내리면, 길 가는 사람의 창자가 끊어지는 듯하겠지요. 말 위에서 피곤해서 병이 날까 염려되니, 저문 날에 일찍 들어 주무시고, 아침 날 비바람이 불 적에는 늦게야 떠나시며, 채찍 한 번에 천 리를 달리는 말에 모실 사람 없으니, 부디부디 천금 같은 옥체, 조심하시오. 한양길을 평안히 가시고, 소식이나 듣고 싶소. 종종 편지나 하시오."

도련님 하는 말이,

"소식 듣기 걱정 마라. 흰 기러기와 파랑새는 없을망정 남원 인편 없을까 보냐. 서러워 말고 잘 있거라."

말을 타고 하직하니, 춘향이 기가 막혀 하는 말이,

"우리 도련님이 가네 가네 해도 거짓말로 알았더니, 말 타고 돌아서니 참으로 가는구나."

춘향이가 마부 불러,

"마부야, 내가 문 밖에 나설 수가 없는 처지니, 말을 붙들어 잠깐 기다려라. 도련님께 한 말씀만 여쭐란다."

춘향이 내달아,

"여보, 도련님! 인제 가시면 언제나 오시려오. 도련님은 날 버리고 박절히 가시니, 속절없는 나의 정절, 밤낮으로 생각하며 끊지 못할 제,

부디 소식 딱 끊지 마오."

대문 밖에 거꾸러져 연약하고 가냘픈 손길로 꽝꽝 치면서,

"애고애고, 내 신세야!"

애고 하고 외치는 소리 한 마디에, 누런 먼지 어지러이 일어나고, 바람은 쓸쓸한데, 해는 저물어 간다. 엎어지며 자빠질 적에 서운찮게 가려고 하다가는 몇 날 며칠 걸릴지 모르겠다.

도련님 타신 말은 채찍 한 번 치면 잘 달리는 말이 아닌가? 도련님이 눈물을 흘리고 훗날 다시 만나기로 언약하고 말을 채쳐 가는 모습은 사나운 바람에 일어나는 한 조각 구름 같았다.

이 때, 춘향이 할 일이 없어, 방으로 들어가서,

"향단아, 발 걷고 등방석 밑에 베개 놓고 문 닫아라. 도련님을 생시에 만나 보기가 막연하니, 잠이나 들면 꿈에나 만나 보자. 예부터 이르기를 꿈에 와 보이는 임은 믿을 수 없다고 하지만, 답답하게 그리워하고 있는 처지에선 꿈이 아니면 어떻게 보겠느냐. 꿈아, 꿈아, 너 오너라. 수심이 첩첩 쌓여 한이 되었건만, 꿈을 꾸지 못하니 어찌하랴. 인간 이별, 만사 중에 독수공방 어찌하리. 그리워하면서도 만나지 못하는 나의 심정을 그 뉘라서 알아 주리. 미친 마음, 이럭저럭 흐트러진 근심을 후리쳐 다 버리고, 자나 누우나 먹고 깨나 임을 못 봐 가슴은 답답하고, 어린 모습, 고운 소리는 귀에 쟁쟁 울리고, 보고지고, 보고지고, 임의 얼굴 보고지고. 듣고 싶네, 듣고 싶네, 임의 소리 듣고 싶네. 하루 아침에 낭군과 이별하니, 어느 날에 만나 보리. 천만 가지 수심과 한이 가득하여 끝끝내 느꺼워라. 꽃다운 얼굴과 아름다운 머리칼이 헛되이 늙어 가서 한이 되니, 세월이 무정하다. 오동잎 지는 가을 날 밤, 달 밝은 밤은 어찌 그리 더디 새며, 녹음 방초에 비스듬히 비치는 곳에 해는 어찌 더디 가는고. 눈물 모여 바다 되고, 한

숨 쉬어 맑은 바람 되면, 작은 조각배 잡아 타고 한양 낭군 찾으련만, 어찌 그리 못 보는고. 우수로 가득 찬 달 밝은 때, 분명한 꿈이로구나. 달 뜬 밤의 두견새 소리는 임 계신 곳 알련마는, 마음 속에 쌓인 수심은 나 혼자뿐이로구나. 밤은 깊어 삼경인데, 앉아 있은들 임이 올까, 누웠은들 잠이 오랴. 임도 잠도 안 온다. 이 일을 어찌하랴. 아마도 원수로구나. 기다림도 적지 않고 그리워한 지도 오래건만, 한 치의 간장에 굽이굽이 맺힌 한을 임 아니면 누가 풀꼬. 밝은 하늘은 굽어 살피시어 쉬 보게 하소서. 다하지 못한 인정, 다시 만나 백발이 다하도록 이별 없이 살고 싶구나. 묻노라, 우리 임의 초췌한 행색, 슬피 이별한 후에 소식조차 뚝 끊어졌구나. 사람이 목석이 아닐진대, 임도 응당 느끼리라. 애고애고, 내 신세야.”

하고, 하늘을 우러러 한탄하면서 세월을 보냈다.

이 때 도련님은 올라갈 제 숙소마다 잠 못 이뤄 보고 싶구나, 나의 사랑 보고 싶구나, 밤낮 없이 잊지 못하는 우리 사랑, 나를 보내고 그리워하는 마음, 속히 만나 풀으리라. 과거에 급제하여 지방관에 임명되기를 바라더라.

절개

이 때, 몇 달 만에 변학도라는 신관 사또가 왔는데, 글도 아주 잘 하고, 인물과 풍채가 활달하고, 풍류 속에 통달하되, 한갓 흠은 성정이 괴팍한 데다 이따금 미친 듯이 행동하는 병증을 겸하여 때로는 덕을 잃기도 하고, 잘못 처결하는 일이 간혹 있으므로, 아는 사람은 고집불통이라고 하였다.

신관 사또에게 구실아치들이 처음으로 찾아가 인사를 할 때,

“사령 등이 나왔소.”

“이방이오.”

“감상이오.”

“수배요.”

“이방 불러라.”

“이방이오.”

“그새 너의 골에 일이나 없느냐?”

“예, 아직 무고하옵니다.”

“너의 골 관아에 있는 사내종들이 삼남에서 제일이라지?”

“예, 부림 직하옵니다.”

“또, 네 골 춘향이란 계집이 얼굴이 썩 곱다지?”

“예.”

“잘 있나?”

“무고하옵니다.”

“남원이 여기서 몇 린고?”

“육백삼십 리로소이다.”

“마음이 바쁘니, 급히 행장을 차려라.”

신관 사또 하인이 물러나와,

“우리 골에 일이 났다.”

이 때, 신관 사또 부임하러 내려올 제, 차림도 장하구나.

“에라, 물러서라! 나가거라!”

외쳐 대는 소리가 매우 삼엄하고, 좌우 하인은 긴 경마의 뒤채잡기에 힘썼다. 전주에 이르러 영문에 잠깐 다녀서 임실을 얼른 지나 오수에 들러서 점심 먹고, 그 날 바로 부임하는데, 좌우가 요란하다. 행군하며 울리는 풍악 소리가 성의 동쪽에서 진동하였다.

광한루에서 잠시 쉬며 옷을 갈아입고, 임금의 명령을 알리러 작은 가마를 타고 객사에 들어갔다. 백성이 보기에 엄숙하게 보이려고 눈을 유별나게 뒤룩뒤룩 굴리며 객사에 들러 임금의 명령을 알렸다. 나라일을 처리하는 대청에서 공무를 집행하고, 잘 차린 밥상을 받았다.

"행수 문안이오."

행수, 군관의 인사를 받고, 육방 관속의 신고를 받고 나더니, 사또가 분부하기를,

"수노* 불러 기생의 수효를 조사하게 하라."

호장*이 분부 듣고, 기생 명부 들여 놓고 호명을 차례로 하는데, 낱낱이 글귀로 부르는 것이었다.

아름답고 고운 기생이 그들 중에 많건마는, 사또께서는 전부터 춘향의 말을 높이 들었는지라, 아무리 들으시되 춘향의 이름이 없었다.

사또, 수노를 불러 묻는 말이,

"기생을 다 조사해도 춘향은 안 부르니, 퇴기냐?"

수노가 여쭈되,

"춘향 어미는 기생이되, 춘향은 기생이 아니옵니다."

사또 묻기를,

"춘향이가 기생이 아니면 어찌 규중에 있는 아이 이름이 높이 떴느냐?"

수노가 대답하기를,

"원래 기생의 딸인데, 덕과 용모와 자태가 훌륭해서, 벼슬이 높고 권세 있는 양반네와 재주 있고 놀기를 좋아하는 부류들과 관원들이 구경하려고 간청하지만, 춘향 모녀가 듣지 않사옵니다. 양반은 물론이고 소인배들도 일 년에 한 번 대면하되 말을 주고받는 일은 없습지요. 헌데 하늘이 정해 주신 연분인지, 이전의 이 사또 자제 이 도령과 백년가약을 맺었고, 도련님 가실 때에 장원 급제 후에 데려가겠다고 당부하고 갔고, 춘향이도 그리 알고 수절하고 있사옵니다."

＊ 수노(首奴) 우두머리의 사내 종.
＊ 호장(戶長) 우두머리의 구실아치.

사또가 분통을 터뜨리면서,

"이놈! 무식한 상놈인들 그게 어떤 양반이라고 엄한 아버지가 살아 있고, 또 장가가기 전인 도련님이 시골에 내려와 첩을 삼아 살자고 할꼬. 이놈! 다시는 그런 말을 입 밖에 내었다가는 죄를 면치 못할 것이다. 이미 내가 저 하나를 보려다가 못 보고 그저 말 것 같으냐. 잔말 말고 불러 와라."

춘향을 부르라는 사또의 명령이 나오는데, 이방과 호방이 여쭈되,

"춘향이는 기생도 아닐 뿐만 아니라, 이전의 사또 자제 도련님과의 맹약이 중요한데, 천한 기생으로 취급하여 부르라 하시니, 사또 체면이 손상될까 염려스럽사옵니다."

사또가 크게 노하여,

"만일 춘향을 시각 지체하다가는 호장 이하 각 청 두목을 다 같이 태형으로 처벌할 것이니, 빨리 대령 못 시킬까!"

육방에서 소동이 일어나고, 각 청의 두목들이 넋을 잃어,

"김 번수*야, 이 번수야, 이런 별일이 또 있느냐. 불쌍하다, 춘향 정절, 가련케 되기 쉽다. 사또 분부 지엄하니 어서 가자, 바삐 가자."

사령 관노가 뒤섞여서 춘향 문전에 이르렀다.

이 때 춘향이는 사령이 오는지, 관노가 오는지 모르고 밤낮으로 도련님만 생각하여 울고 있었다. 임이 그리워서 서러운 마음, 밥을 먹어도 맛이 없어 밥 못 먹고, 잠자리에 누워도 걱정으로 잠 못 자고, 도련님 생각으로 오래도록 속을 썩여 살가죽과 뼈가 모두 맞붙어 있다. 기운이 쇠진해서 길게 늘여 빼는 울음소리가 되어,

"갈까 부다, 갈까 부다. 임을 찾아 갈까 부다. 천 리라도 갈까 부다. 만 리라도 갈까 부다. 비바람도 쉬어 넘고, 날지니 수지니 해동청 보

---

* 번수(番手) 기를 들고 대궐에 번들어 호위하는 사람.

라매도 쉬어 넘는 높은 봉우리의 꼭대기 고개라도 임이 와서 날 찾으면 나는 발 벗어 손에 들고 쉬지 않고 가지. 한양 계신 우리 낭군, 나와 같이 그리워하는가? 무정하여 아주 잊고 나의 사랑 옮겨다가 다른 임을 사랑하는가?"

한참 이리 섧게 울 때, 사령 등이 춘향의 슬프게 원망하는 소리를 듣고, 사람이 나무나 돌이 아니거든 마음이 움직이지 않을 수 있느냐. 육천 마디의 사대 삭신이 낙숫물에 봄얼음이 녹듯 탁 풀리어,

"대체, 이 애가 불쌍하지 않으냐. 바람난 자식들이 저런 계집을 떠받들지 못하면 사람이 아니리라."

이 때에 재촉하는 사령이 나오면서,

"오너라!"

외치는 소리에 춘향이 깜짝 놀라서 문틈으로 내다보니 사령, 군노 나왔구나.

"아차차 잊었네. 오늘이 사또가 새로 부임한 지 사흘째 되는 날에 구실아치와 하인들을 점고한다고 하더니, 무슨 야단이 났나 보다."

밀창문을 열뜨리며,

"허허, 번수님네, 이리 오소, 이리 오소. 오시기 뜻밖이네. 도련님 편지 한 장도 안 왔는가? 내가 전날은 양반을 모시기로 이목이 번거롭고, 도련님 체면이 유달라서 모르는 체하였건만, 마음조차 없을 것인가? 들어가세, 들어가세."

김 번수며 이 번수며 여러 번수 손을 잡고 제 방에 앉힌 후에 향단이 불러,

"주안상 들여라."

취하도록 먹인 후에 궤문을 열고 돈 닷 냥을 내어놓으면서,

"여러 번수님네, 가시다가 술이나 잡수고 가시오. 뒷말 없게 해 주소."

사령 등이 약주에 취해서 하는 말이,

"돈이라니 당치 않다. 우리가 돈 바라고 네게 왔냐?"

하며,

"들여 놓아라. 김 번수야, 네가 차라. 옳지는 않다마는 닢수나 다 맞느냐?"

돈을 받아 차고 흐늘흐늘 들어갈 제, 행수 기생이 나온다. 행수 기생이 나오며 두 손뼉 딱딱 마주치면서,

"여봐라 춘향아, 말 듣거라. 너만한 정절은 나도 있고, 너만한 수절은 나도 있다. 너라는 정절이 왜 있으며, 너라는 수절이 왜 있느냐? 정절 부인 애기씨, 수절 부인 애기씨, 조그마한 너 하나로 인하여 육방

이 다 죽어 간다. 어서 가자, 어서 가자."

춘향이 할 수 없어 수절하던 그 태도로 대문 밖 썩 나서며,

"형님, 형님, 행수 형님. 괄시를 그리 마소. 거기라고 대대로 행수며, 나라고 대대로 춘향인가? 인생이란 한 번 죽으면 그만이지, 한 번 죽지 두 번 죽나?"

이리 비틀 저리 비틀 동헌에 들어가,

"춘향이 대령하였소."

사또 보시고 매우 기뻐하여,

"춘향임이 분명하다. 이리 올라오너라."

춘향이 대 위로 올라가 무릎을 여미고 단정히 앉아 있을 뿐이었다. 사또는 이 때 아주 홀딱 반해서,

"책방에 가서 회계 나리님을 오시래라."

회계 보는 생원이 들어오던 것이었다. 사또 크게 기뻐하여,

"자네, 보게. 저게 춘향일세. 하, 그 년 매우 예쁜데."

"잘생겼소. 사또께서 서울 계실 때부터 춘향, 춘향 하시더니 한 번 구경할 만하오."

"자네, 중신하겠나?"

이윽히 앉았더니,

"사또가 애당초 춘향을 부르시지 말고, 중매하는 할멈을 보내어 보시는 게 옳은 것을, 일이 좀 경솔하게 되었소마는, 이미 불렀으니 아무래도 혼사할 수밖에 수가 없소."

사또 크게 기뻐하며 춘향더러 분부하되,

"오늘부터 몸단장 곱게 하고 수청하라."

"사또 분부 황송하나, 한 지아비만을 섬기기를 바라니, 분부를 시행하지 못하겠소."

사또가 웃으며 하는 말이,

"아름답고 아름다운 계집이로구나. 네가 진정 열녀로구나. 네 정절 굳은 마음, 어찌 그리 어여쁘냐. 허나 이몽룡은 사대부의 자제로서 명문 귀족의 사위가 되었으니, 한때 사랑으로 잠깐 기생 노릇 하던 너를 한 푼이나 생각하겠느냐. 네 아무리 수절한들 열녀에 대한 상은 누가 주겠느냐. 그런 것은 다 버려 두고, 너의 고을 관장에게 매임이 옳으냐, 사내아이에게 매이는 게 옳으냐. 네가 말을 좀 해라."

춘향이 여쭈되,

"충신은 두 임금을 섬기지 않고, 열녀는 두 지아비를 섬기지 않는 절개를 본받고자 하는데, 여러 차례 분부하심이 이러하니, 살아도 죽은 것만 못하고, 열녀는 두 지아비를 섬기지 않으니, 처분대로 하십시오."

이 때, 회계 나리가 썩 나서 하는 말이,

"네 여봐라! 어 그년, 요망한 년이로고. 하루살이 같은 덧없는 인생인데, 이 작은 세상에서 얼굴 좀 예쁘다고 여러 번 사양할 게 무엇이냐? 사또께서 너를 우러러보고 하시는 말씀이지. 몸을 파는 너 같은 천한 기생들에게 수절이 무엇이며, 정절이 무엇이냐. 괴이한 말 내지 마라. 너와 같은 기생들에게 충효와 열녀 두 글자가 왜 있겠느냐?"

이 때, 춘향이 하도 기가 막혀 천연히 말하기를,

"충효, 열녀에 위아래가 있소. 기생을 해치는 말은 마시오."

춘향이 다시 사또에게 여쭈되,

"당초에 이 수재 만날 때에 태산과 서해 같은 굳은 마음, 소첩의 일심 정절은 아무리 사나운 용맹인들 빼어 내지 못할 것이오. 소진, 장의의 말주변인들 첩의 마음을 옮겨 가지 못할 것이오. 일편단심 소녀 마음은 굴복치 못하리다. 첩이 비록 천한 계집이긴 하지만, 사람의 첩이 되어 지아비를 배반하고 집으로 돌아가는 법은, 벼슬하는 관장님네가 나라를 망치고 날뛰는 것과 같으니, 처분대로 하시오."

사또가 크게 노하여,

"이년, 들어라! 반역을 꾀하는 죄는 능지처참을 당하고, 관장을 조롱하는 죄는 시체를 길거리에 버리는 형벌을 받는다고 율법에 기록되어 있고, 관장에게 거역하는 죄는 엄한 형벌을 내려 귀양을 보내느니라. 죽는다고 서러워 마라."

춘향이 또 사납고 악에 받친 말을 하기를,

"지아비 있는 여자를 강제로 빼앗는 것은 죄 아니고 무엇이오?"

사또는 기가 막혀 어찌나 분하던지 문방 제구를 놓아 두는 상을 두드릴 때, 탕건이 벗어지고 상투고가 탁 풀렸다. 사또는 첫 마디에 목이 쉬어,

"이년 잡아 내어라!"

호령하니, 골방의 수청 통인이,

"예."

하고 달려들어 춘향의 머리채를 주루룩 끌어 내며,

"급창*!"

"예."

"이년 잡아 내어라!"

춘향이 뿌리치면서,

"놓아라!"

하자, 급창이 달려들어,

"요년, 요년, 어느 어른신 앞이라고 대답이 그러하고 살기를 바랄 것이냐?"

대뜰 아래로 내리치니, 맹호 같은 군노 사령들이 벌떼같이 달려들어 감태 같은 춘향의 머리채를 어린 시절 연실 감듯, 뱃사공이 닻줄 감듯, 사월 파일 등대 감듯, 휘휘친친 감아 쥐고 동댕이쳐 엎지르니, 불쌍타

＊급창(及唱) 고을의 관청에서 부리던 사내 종.

춘향 신세, 백옥 같은 고운 몸이 처참하게 엎어졌구나. 좌우 나졸 늘어서서 능장, 곤장, 형장이며 주장을 짚고,

"아뢰라! 형리 대령하라!"

"예. 형리요."

사또는 분이 어찌 났던지, 벌벌 떨면서 기가 막혀 허푸허푸하며,

"여봐라! 그년에게 다짐이 왜 있으랴. 묻지도 말고 형틀에 올려매고 골통을 부수고 물고장*을 올려라."

춘향을 형틀에 올려매고, 죄인을 다스리는 사정의 거동을 보라. 형장이며 태장이며 곤장이며 한 아름 듬쑥 안아다가 형틀 아래 자르륵 부딪히는 소리에 춘향의 정신이 아찔해진다.

집장 사령 거동 보라. 이놈 잡고 능청능청, 저놈 잡고 능청능청, 등심 좋고 빳빳하고 잘 부러지는 놈 골라 잡고 오른 어깨 벗어 매고 형장 짚고 사또의 명령을 기다릴 때,

"분부 받아라. 네, 그년을 사정 두고 헛장해서는 당장에 목숨을 바칠 것이니, 각별히 매우 쳐라."

집장 사령 말하기를,

"사또 분부 지엄한데, 저만한 년을 무슨 사정 두겠습니까? 이년, 다리를 까딱 마라. 만일 요동쳤다가는 뼈 부러질라."

호통하고 들어서서 금장* 소리 발맞추어 서면서 가만히 하는 말이,

"한두 개만 견디소. 어쩔 수가 없네. 요 다리는 요리 틀고, 저 다리는 조리 트소."

"매우 쳐라!"

"에잇, 때리오."

딱 내리치니, 부러진 형장 개비는 푸르르 날아 공중으로 빙빙 솟아

---

* 물고장(物故狀) 죄인을 죽인 사실을 임금에게 보고하는 글.
* 금장(禁杖) 창처럼 생긴 형구의 한 가지.

대뜰 아래 떨어지고, 춘향이는 아무쪼록 아픈 데를 참으려고 이를 북북 갈며 고개만 빙빙 두르면서,

"애고, 이게 웬일이여!"

곤장, 태장 치는 데는 사령이 서서 하나, 둘 세건마는, 형장부터는 형리와 잔심부름하는 사내 종이 닭쌈하는 모양으로 마주 엎디어 하나 치면 하나 긋고, 둘 치면 둘 긋고, 무식하고 돈 없는 놈 술집 바람벽에 술값 긋듯 그어 놓으니, 한 일(一) 자가 되었구나.

춘향이는 저절로 설움에 겨워 맞으면서 우는데,

"일편단심 굳은 마음, 한 지아비만을 섬기려는 뜻이오니, 한낱 형벌로 친다 한들 한시인들 변할 것인가?"

이 때, 남원부 한량이며 남녀 노소 없이 모여 구경할 제, 좌우의 한량들이,

"모질구나, 모질구나. 우리 고을 원님이 모질구나. 저런 형벌이 왜 있으며, 저런 매질이 왜 있을까? 집장 사령 놈, 눈 익혀 두어라. 관청 앞 삼문 밖으로 나오면 급살을 주겠다."

보고 듣는 사람이야 누가 눈물을 흘리지 않으랴?

춘향이 말 못 하고 기절하니, 엎드려 있던 형방 통인이 고개 들어 눈물 쏟고, 매질하던 저 사령도 눈물 쏟고 돌아서며,

"사람의 자식으로선 못 하겠네."

좌우에서 구경하던 사람과 거행하는 관속 들이 눈물 쏟고 돌아서며,

"춘향이 매맞는 거동은 사람의 자식으로선 못 보겠다."

모질구나, 모질구나. 춘향의 정절이 모질구나. 타고난 열녀로구나. 남녀 노소 없이 서로 눈물 흘리며 돌아설 제, 사또인들 좋을 리가 있으랴.

"네 이년, 관가의 뜰에서 발악하고 맞으니 좋은 게 무엇이냐. 앞으로 또 그렇게 고을 원님에게 거역할 테냐?"

거의 다 죽게 된 저 춘향이 점점 더 사납고 독하게 악을 쓰는 말이,

"여보, 사또 들으시오. 일 년 동안 한을 품으면 죽고 사는 걸 모른다는 말을 어찌 그렇게 모르시오. 계집이 한 번 원한을 품으면 오뉴월에도 서리가 내리는 법이오. 혼백이 하늘을 떠돌아 다니다가 우리 임금님 계신 곳에 가서 이 원한에 사무친 감정을 아뢰면 사또들 무사할 성싶소. 덕분에 죽여 주오."

사또가 기가 막혀,

"허허, 그년 말 못 할 년이로군. 큰칼 씌워 감옥에 가둬라."

하니, 큰칼 씌우고 관청 도장을 찍어 사정이 등에 업고 삼문 밖으로 나올 제, 기생들이 나오며,

"애고 서울집아! 정신 차리게. 애고, 불쌍해라."

사지를 만지면서 약을 갈아다 주며 서로 보고 눈물을 흘릴 제, 이 때 키 크고 속없는 낙춘이가 들어오며,

"얼씨고 절씨고 좋을씨고. 우리 남원에도 현판감이 생겼구나."

왈칵 달려들어,

"애고, 서울집아! 불쌍해라!"

이렇게 야단칠 때, 춘향의 어미가 이 말을 듣고 정신없이 들어오더니, 춘향의 목을 안고,

"애고, 이게 웬일이냐. 죄가 무슨 죄며, 매는 무슨 매냐. 집사님네, 이방님네, 내 딸이 무슨 죄요. 애고애고, 내 일이야! 칠십 먹은 늙은것이 의지 없이 되었구나. 무남독녀 내 딸 춘향, 규중에 은근히 길러 내어 밤낮으로 서책만 놓고 부녀자가 지켜야 할 도리를 공부하면서 나더러 하는 말이, '마오, 마오, 설워 마오, 아들 없다고 설워 마오. 외손이라고 제사 못 지내리까?' 어미에게 바친 지극한 정성, 자식 사랑하는 법이 위아래 사람이라고 다르겠는가? 이내 마음 둘 데 없네. 가슴에 불이 붙어 한숨이 연기로구나. 김 번수야, 이 번수야, 윗사람의

명령이 엄하다고 이다지도 몹시 쳤느냐. 애고애고, 내 딸 매맞은 자리 보소! 얼음이나 눈 같은 다리에 연지 같은 피가 비쳤네. 이름난 집 마님들은 눈먼 딸도 원하더라. 그런 데 가서 생기지 않고 기생 월매의 딸이 되어 이 모양 이 꼴이 웬일이냐! 춘향아, 정신 차려라. 애고애고, 내 신세야! 향단아, 삼문 밖에 가서 삯꾼 둘만 사오너라. 서울에 쌍급주* 보내련다."

춘향이 쌍급주를 보낸다는 말을 듣고,

"어머니, 그리 마오. 그게 무슨 말씀이오. 만일 심부름꾼이 서울 올라가서 도련님이 보시면, 어찌할 줄 몰라 심사가 답답해져서 병이 되면, 그것인들 절개를 깨뜨리는 짓이 아니겠소. 그런 말씀 마시고 옥으로 가십시다."

사정의 등에 업혀 감옥으로 들어갈 제, 향단이는 칼머리를 들고 춘향 어미는 뒤를 따라 옥문간에 이르러,

"옥형방 문을 여소. 옥형방도 잠들었나?"

옥중에 들어가서 옥방 꼴을 볼 것 같으면, 부서진 죽창 틈에 살을 쏘는 것은 바람이요, 무너진 헌 벽이며 헌 자리, 벼룩, 빈대가 온몸을 침노한다.

이 때, 춘향이 옥방에서 장탄가*로 우는 것이었다.

"이내 죄가 무슨 죄냐. 나라 곡식 도둑질하지 않았는데 엄한 형벌 모진 매질 무슨 일인고. 살인 죄인 아닌데, 칼과 차꼬는 웬일일꼬. 역적질도 안 했고 삼강 오륜도 범하지 않았는데, 사지를 결박함은 웬일이며, 간통죄를 저지르지 않았는데, 이 형벌은 웬일일고. 강물을 벼룻물 삼고 푸른 하늘을 한 장의 종이로 삼아 나의 설움 하소연하여 옥황상제 앞에 올리고 싶구나. 낭군이 그리워서 답답해진 가슴에는 불

---

* 쌍급주(雙急走) '급주'는 급한 소식을 전하는 인편. '쌍급주'는 '급주'보다 빠른 인편.
* 장탄가(長嘆歌) 길이 탄식하는 노래.

이 붙네. 한숨이 바람되어 불난 불을 더 부치니, 속절없이 나 죽겠네. 푸른 솔은 나와 같고, 누런 국화는 낭군같이, 뿌리는 것이 눈물이요, 적시는 것이 한숨이다. 견우성과 직녀성은 칠석날에 만날 적에 은하수 막혔으되 시기를 놓친 일 없었건만, 우리 낭군 계신 곳에 무슨 물이 막혔는지 소식조차 못 듣는고. 살아서 이렇게 그리워하느니, 아주 죽어 잊어버리고 싶구나. 차라리 이 몸 죽어 빈 산의 두견새 되어, 자두 꽃이 피고 달빛이 하얗게 비치는 한밤중에 슬피 울어 낭군의 귀에 들리게 하고 싶구나. 맑은 강의 원앙새 되어 짝을 불러 다니면서 다정하고 유정함을 임의 눈에 보여 주고 싶구나. 푸른 하늘의 달이 되어, 밤이 되면 돋아올라 밝고 밝은 빛을 임의 얼굴에 비추고 싶구나. 이내 간장 썩는 피로 임의 모습 그려 내어 방문 앞에 족자 삼아 걸어 두고 드나들며 보고 싶구나. 정절을 수절한 절대가인, 참혹하게 되었구나. 광채 좋은 형산백옥, 먼지 구덩이에 묻혀 있는 듯, 향기로운 상산초*가 잡풀 속에 섞여 있는 듯, 오동나무 속에서 놀던 봉황이 가시밭 속에서 길들여진 듯, 살아나서 세상 구경 다시 할까. 답답하고 원통하다. 나를 살릴 이 누가 있을까? 서울 계신 우리 낭군, 벼슬길로 내려와서 이렇듯이 죽어 갈 때, 내 목숨을 못 살릴까? 기이한 봉우리에는 여름의 구름이 많으니, 산이 높아 못 오던가? 금강산 상상봉이 평지 되거든 오려고 하시는가? 병풍에 그려진 누런 닭이 두 날개를 툭툭 치면서 날 새라고 울거든 오려고 하시는가? 애고애고, 내 일이야!"

죽창 문을 열뜨리니, 밝고 깨끗한 달빛은 방 안에 들어온다마는, 어린 것이 혼자 앉아 달더러 묻는 말이,

"저 달아, 보느냐. 임 계신 데 환하게 비춰라. 나도 보게야. 우리 임이 누웠더냐 앉았더냐. 보는 대로만 네가 일러 나의 수심 풀어 다오."

* 상산초(商山草) 신령스러운 풀.

재회

이 때, 한양성 도련님은 밤낮으로 중국의 고전을 익숙해지도록 읽어, 글로는 이백*이요, 글씨로는 왕희지*였다.

나라에 경사가 있어 과거를 보이시므로, 책을 품에 품고 시험장으로 들어가 좌우를 둘러보았다. 수많은 백성과 허다한 선비들이 일시에 임금님께 절을 한다. 궁중 음악 맑은 소리에 앵무새가 춤을 추었다.

대제학이 임금님께서 친히 정한 글의 제목을 내리시니, 도승지가 모셔 내어 붉은 장막 위에 걸어 놓았다.

글제에 씌어 있기를,

'창경궁 안의 봄빛이 예나 이제나 같도다.'

라고 뚜렷이 걸려 있었다.

이 도령이 글제를 살펴보니 익히 보던 것이었다.

시의 제목을 펼쳐 놓고 그 뜻을 풀이하고 생각하여 용을 아로새긴 벼루에 먹을 갈아, 족제비 꼬리털로 만들어진 붓을 반중간 듬뿍 풀어 왕희지 필법으로 조맹부의 글씨체를 받아 단숨에 줄기차게 써 내려 제일 먼저 답안지를 내었다.

윗전 시험관이 그 글을 보고 글자마다 점을 찍고 구절마다 동그라미를 쳤다. 용이 꿈틀거려 하늘로 날아 오르는 듯하고, 기러기가 모래펄에 날아와 앉는 듯했다.

오늘날의 큰 인재로구나. 급제자의 명단이 적힌 이름을 불러 임금님께서 술 석 잔을 권하신 후에, 장원 급제했음을 외치고 다니게 했다. 새

---

* 이백(李白) 중국 당나라 중엽의 시인(701~762).
* 왕희지(王羲之) 중국 동진의 서예가(307~365).

왕희지의 글씨

급제자가 앞으로 나아갔다가 물러나 나올 적에, 머리에는 임금님이 내려 주신 종이꽃이 꽂혀 있고, 몸에는 황색 예복이 입혀져 있었다. 허리에는 학이 수놓인 띠를 매고 있었다.

사흘 동안 친척, 선배 등을 찾아가 인사한 후에 산소에 가서 제사를 지내고, 임금님께 절을 하니, 임금님께서는 친히 불러 보신 후에,

"경의 재주는 조정에서 으뜸이다."

하시고, 도승지를 불러들여 전라도 암행 어사를 제수하시니, 평생의 소원이었다. 암행 어사가 입는 의복, 동그란 구리패인 마패, 놋쇠로 만들어진 표준척인 유척을 내주셨다.

전하께 하직하고 본댁으로 나아갈 제, 암행 어사가 쓰는 관을 쓴 풍채는 깊은 산 속의 사나운 호랑이 같았다. 부모님께 하직하고, 전라도로 떠나는데, 남대문 밖으로 썩 나서서 서리, 중방, 역졸을 거느리고 청파역에서 말을 잡아 타고 칠패, 팔패, 배다리를 얼른 넘어 밥전 거리 지나 동작을 얼핏 건너 남태령을 넘어 과천읍에서 점심 먹고, 이튿날 서리과 중방을 불러 분부하기를,

"전라도의 첫번째 읍 여산이다. 막중한 나라일을 수행할 때 분명치 못하게 처리할 때에는 죽기를 면치 못할 것이다."

추상같이 호령하며, 서리 불러 분부하여 각기 나누어 출발시킨 후, 어사또 행장을 차리는데, 모양 보소. 뭇 사람을 속이려고 모자 없는 헌 갓에 굵은 줄 총총 매어 명주 갓끈 달아 쓰고, 어수룩한 헌 도복에 무명실 띠를 가슴 가운데 둘러매고, 살만 남은 헌 부채에 솔방울을 매달아 햇빛을 가리고 차츰차츰 암행하여 내려올 제, 각 읍 수령들이 어사 났단 말 듣고 민정을 가다듬어 지난 날의 공사를 염려할 제, 하인인들 편하리요.

이방, 호방은 넋을 잃고, 공사의 회계를 맡아 보는 형방 서기는 여차하면 도망치려고 신발을 챙기고, 수많은 관리들은 넋을 잃고 분주할 제, 이 때 어사또는 임실 구왓들 근처에 이르렀다. 이 때는 마침 농사철

이라, 농부들이 농부가를 부르며 이러할 제, 야단이었다.

"어여로 상사디야. 넓고 넓은 세상 천지 태평할 때 도덕 높은 우리 성군, 태평 세월 노래하는 동요 듣던 요임금 성덕이라. 어여로 상사디야. 순임금 높은 성덕으로 내리신 그릇, 역산에서 밭을 갈고, 어여로 상사디야. 신농씨가 만들어 내신 따비가 천추만대 유전하니, 어찌 높지 않던가. 어여로 상사디야. 이 농사 지어 내어 우리 성군께 바친 후에 남은 곡식 장만하여 부모님 모심을 아니 하며, 처자식을 먹여 기르지 아니할까? 어여로 상사디야. 백 가지 풀을 심어 사시를 짐작하니, 믿을 것은 백 가지 풀이로다. 어여로 상사디야. 사방의 논밭을 갈아서 배불리 먹고 배를 두드리며 즐겨 보세. 얼럴럴 상사디야."

"거기는 크게 풍년이 들었군."

또, 한편을 바라보니, 이상한 일이 있다. 중년이 넘어 보이는 노인들이 끼리끼리 모여 와서 등걸밭을 일구는데, 갈멍덕 숙여 쓰고 쇠스랑 손에 들고 '백발가'를 부르는데,

"등장* 가자, 등장 가자. 하느님 전에 등장 갈 양이면 무슨 말을 하실는지. 늙은이는 죽지 않고 젊은 사람 늙지 말게 하느님 전에 등장 가세. 원수로다, 원수로다. 백발이 원수로다. 오는 백발 막으려고 오른손에 도끼 들고, 왼손에 가시 들고, 오는 백발 두드리며 가는 홍안 끌어당겨 청실로 결박하여 단단히 졸라매되, 가는 홍안 절로 가고, 백발은 때로 돌아와 귀 밑에 살 잡히고, 검은 머리 백발 되었구나. 무정한 게 세월이라. 눈 어둡고 귀가 먹어 볼 수 없고 들을 수 없어 하릴없는 일이로세. 슬프다, 우리 벗님, 어디로 가겠는고. 가을 단풍 잎진 듯이 차츰차츰 떨어지고, 새벽 하늘 별 지듯이 삼삼오오 쓰러지니, 가는 길이 어드멘고. 어여로 가래질이야, 아마도 우리 인생 한바탕의

---

* 등장(等狀) 관청에 가서 무엇을 호소하는 일.

봄꿈인가 하노라."

한참 이리 할 제, 한 농부가 나서며,

"담배 먹세, 담배 먹세."

갈멍덕 숙여 쓰고 둔덕으로 나오더니, 곱돌 담뱃대 넌지시 들어 꽁무니 더듬더듬 가죽 쌈지 빼어 놓고 담배에 침을 뱉어 엄지손가락이 자빠지게 비빗비빗 단단히 넣어 짚불을 뒤져 놓고 화로에 푹 질러 담배를 먹는데, 농군이라 하는 것이 대가 빡빡하면 쥐새끼 소리가 나겠다. 양볼때기가 오목오목, 콧구멍이 발씬발씬, 연기가 홀홀 나게 피워 물고 나서니, 어사또 반말하기는 이력이 났지.

"저 농부, 말 좀 물어 보면 좋겠구먼."

"무슨 말?"

"이 고을 춘향이가 본관에게 수청들어 뇌물을 많이 받아 먹고, 백성에게 폐를 끼친다는 말이 사실인지?"

저 농부 열을 내어,

"당신, 어디 사나?"

"아무 데 살든지."

"아무 데 살든지라니. 당신은 눈치코치도 없나? 지금 춘향이는 수청을 들지 않는다고 형장 맞고 갇혔으니, 기생의 집안에 그런 열녀는 세상에 보기 드물지. 옥이나 눈 같은 춘향의 몸에 자네 같은 동냥아치가 함부로 말을 하다가는 빌어먹지도 못하고 굶어 뒈질 걸게. 올라간 이 도령인지 삼 도령인지, 그놈의 자식은 한 번 간 후로 소식이 없으니, 사람의 도리가 그래 가지고는 벼슬은커녕 내 좆도 못 되지."

"어, 그게 무슨 말인가?"

"왜? 어찌 되나?"

"되기야 어찌 될까마는, 남의 얘기라고 말을 너무 고약히 하는구먼."

"자네가 철모르는 말을 하니 그러지."

수작을 그만두고 돌아서면서,

"허허, 망신이로군. 자, 농부네들, 일하소."

하직하고 한 모퉁이를 돌아들자, 아이 하나가 오는데, 지팡이 막대를 끌면서 시조 절반 사설 절반 섞어서 읊조리되,

"오늘이 며칠인고. 천리길 한양을 며칠 걸어 올라가랴. 조자룡이 강을 건너던 총이말이 있다면 오늘 안으로 가련마는. 불쌍하다, 춘향이는 이 서방을 생각해서 옥중에 갇혀 목숨이 당장 끊어질 지경에 이르렀으니 불쌍하다. 몹쓸 양반, 이 서방은 한 번 간 후 소식이 뚝 끊어지니, 양반의 도리는 그러한가?"

어사또 그 말 듣고,

"얘, 어디 사니?"

"남원읍에 사오."

"어딜 가니?"

"서울 가오."

"무슨 일로 가니?"

"춘향의 편지 갖고 이전의 사또댁에 가오."

"얘, 그 편지 좀 보자꾸나."

"그 양반 철모르는 양반이네."

"웬 소린고?"

"글쎄 들어 보오. 남의 편지 보기도 어렵거든, 하물며 남의 안 편지를 보잔 말이오?"

"얘, 들어라. 심부름 가는 사람이 떠날 때, 다시 뜯어 본다는 말이 있느니라. 좀 보면 어떠냐?"

"그 양반 몰골은 흉악하지만, 문자 속은 제법 유식하오. 얼핏 보고 주오."

"호로자식이로고."

편지 받아 떼어 보니, 사연에 씌었으되,

'한 번 이별한 후 소식이 없으니, 도련님은 부모님 모시고 건강하시며 평안하신지, 간절히 사모해 마지않습니다. 저 춘향은 형틀에 매여 매를 맞고 감옥에 갇혀 목숨이 끊어질 지경에 이르렀습니다. 죽을 지경에 이르러 혼은 저승으로 날아가 지옥문을 드나드니, 저는 비록 만 번 죽을지라도 다만 열녀는 두 지아비를 섬기지 않으며, 저의 죽고 삶과 늙은 어머니의 모습이 어찌 될지 알 수 없으니, 서방님은 깊이 헤아려 조처해 주시기 바랍니다.'

편지 끝에 씌었으되,

지난 해 임은 언제 이별했던고,
엊그제 겨울이더니 또 가을이 왔네.
미친 바람 부는 밤중에 비가 눈처럼 내리니,
어찌해야 남원 옥중에서 벗어날고.

하고 혈서를 썼는데, 모래펄에 기러기 내려앉는 것처럼 그저 툭툭 찍은 것이 모두 다 애고애고였다. 어사가 보고는 두 눈에서 눈물이 떨어지거니 맺히거니 방울방울이 떨어지자, 그 아이가 하는 말이,

"남의 편지 보고 왜 우시오?"

"어따, 애, 남의 편지라도 설운 사정을 보니 자연히 눈물이 나는구나."

"여보, 인정 있는 체하다가 남의 편지 눈물 묻어 찢어지오. 그 편지 한 장 값이 열닷 냥이오. 편지 값 물어 내오."

"여봐라, 이 도령이 나와 어렸을 적 친구인데, 시골에 볼 일이 있어 나하고 같이 내려오다가 전주에 들렀으니, 내일 남원에서 만나기로 약속했다. 나를 따라가 있다가 그 양반을 뵈어라."

그 아이가 응하지 않고 가로막으면서,

"서울을 저 건너로 아시오?"

하며 달려들어,

"편지 내오."

서로 붙잡을 때, 옷 앞자락을 잡고 실랑이를 벌이며 살펴보니, 명주 전대를 허리에 둘렀는데, 제기 접시 같은 것이 들었거늘 물러나면서,

"이것 어디서 났소. 찬바람이 나오."

"이놈! 만일 기밀을 누설했다가는 목숨을 보전치 못할 것이다."

당부하고 남원으로 들어갈 제, 박석재를 올라서서 사면을 둘러보니, 산도 옛날에 보았던 산이요, 물도 옛날에 보았던 물이다.

남문 밖으로 썩 내달아 광한루야 잘 있었느냐, 오작교야 별일 없느냐. 객사 앞의 푸른 수양버들은 나귀 매고 놀던 곳이요, 푸른 구름과 맑은 물은 내가 발을 씻던 청계수다. 푸른 강물이 흐르는 진나라 서울 같은 넓은 길은 왕래하던 옛 길이요, 오작교 다리 밑에서 빨래하는 여인들은 계집아이 섞여 앉아,

"야야!"

"왜야?"

"애고애고, 불쌍터라. 춘향이가 불쌍터라. 모질더라, 모질더라. 우리 고을 사또가 모질더라. 절개 높은 춘향이를 위력으로 겁탈하려 한들 철석 같은 춘향 마음 죽는 것을 헤아릴까. 무정터라, 무정터라. 이 도령이 무정터라."

저희끼리 주고받으면서 추적추적 빨래하는 모양은 〈구운몽〉에 나오는 여주인공들 같다마는, 남주인공인 양소유가 없었으니, 누구를 보려고 앉았는고? 어사또 누각에 올라 자상히 살펴보니, 석양은 서쪽으로 지고 있고, 잠자러 날아가는 새는 숲 속으로 들어갈 제, 저 건너 수양버들은 춘향이가 그네 매고 오락가락 놀던 모습을 어제 본 듯 반갑구나.

동편을 바라보니, 길게 늘어선 푸른 수풀 사이에 춘향의 집이 저기로구나. 저 안의 내동원은 옛날에 보았던 모습 그대로요, 돌벽의 험한 감옥은 춘향, 울고 있는 듯, 불쌍하고 가련하다.

서산에 해가 지는 황혼 때에 춘향의 집 문 앞에 이르니, 행랑은 무너지고 몸채는 보기 흉하게 낡았는데, 옛날에 보았던 벽오동은 수풀 속에 우뚝 서서 바람을 못 이겨 추레하게 서 있거늘, 나지막한 담 밑의 흰 두루미는 함부로 다니다가 개한테 물렸는지 깃도 빠지고, 징금 끼룩 뚜루룩 울음 울고, 빗장 앞의 누렁개는 기운 없이 졸다가 옛 손님을 몰라보고 꽝꽝 짖고 내달으니,

"요 개야, 짖지 마라. 주인 같은 손님이다. 너의 주인 어디 가고 네가 나와 반기느냐?"

중문을 바라보니, 내 손으로 쓴 글자가 충성 충(忠)자 뚜렷하더니, 가운데 중은 어디 가고 마음 심자만 남아 있고, 입춘서*는 동남풍에 펄렁펄렁 이내 수심 돋아 준다. 그럭저럭 들어가니, 안뜰은 쓸쓸한데, 춘향의 어미 거동 보소. 미음 솥에 불 넣으면서,

"애고애고, 내 딸 일이야. 모질도다, 모질도다. 이 서방이 모질도다. 위급한 지경에 있는 내 딸을 아주 잊어 소식조차 뚝 끊어졌네. 애고애고, 설운지고. 향단아, 이리 와서 불 넣어라."

하고 나오더니, 울 안 개울물에 흰머리 감아 빗고, 정화수 한 동이를 단 아래에 받쳐 놓고 땅에 엎드려 축원하는데,

"천지의 신과 일월 성신은 한 마음이 되옵소서! 다만, 외동딸 춘향이를 금쪽같이 길러 내어 외손 봉사하기 바랐더니, 죄없는 매를 맞고 옥중에 갇혔으니 살 길이 없사옵니다. 천지의 신은 감동하시어 한양성 이몽룡에게 높은 벼슬을 내리시어 내 딸 춘향을 살려 내게 하옵소서!"

＊입춘서(立春書) 입춘에 써서 대문 등에 붙이는 글.

빌기를 다한 후에,

"향단아, 담배 한 대 붙여 다오."

춘향 어미 받아 물고 후유 한숨 쉬고 눈물을 흘릴 때, 이 때 어사는 춘향 어미의 정성을 보고,

"내가 벼슬한 것이 조상의 음덕인 줄 알았더니, 우리 장모 덕이로구나."
하고,

"안에 뉘 있나?"

"뉘시오?"

"내로세."

"내라니, 뉘신가?"

어사 들어가며,

"이 서방일세."

"이 서방이라니, 옳지, 이풍헌 아들 이 서방인가?"

"허허, 장모 망령이로세. 나를 몰라, 나를 몰라."

"자네가 누구여?"

"사위는 평생의 손님이라 했으니, 어찌 나를 모르는가?"

춘향 어미 반가워하며,

"애고애고, 이게 웬일인고. 어디 갔다 이제 와. 바람이 몹시 불더니, 바람결에 풍겨 왔는가? 봉우리에 구름이 일더니, 구름 속에 싸여 왔는가? 춘향의 소식 듣고 살리려고 와 계신가? 어서 어서 들어가세."

손을 잡고 들어가서 촛불 앞에 앉혀 놓고 자세히 살펴보니, 거지 중에서도 상거지가 되었구나. 춘향 어미 기가 막혀,

"이게 웬일이오?"

"양반이 그릇되매 뭐라고 말할 수 없네. 그 때, 올라가서 벼슬길 끊어지고 가산도 탕진하여 부친께서는 서당 훈장으로 나가시고, 모친은 친정으로 가시고, 다 각기 갈려서 나는 춘향에게 내려와서 돈 냥이나

얻어갈까 했더니, 와서 보니 두 집안의 꼴이 말이 아닐세."

춘향 어미, 이 말을 듣고 기가 막혀,

"무정한 이 사람아, 한 번 이별한 후로 소식이 없었으니 그런 도리가 있으며, 혹시나 하고 바랐더니 어찌 이리 되었소. 쏘아 놓은 살이 되고 엎질러진 물이 되어 누구를 원망하고 누구를 탓할까마는, 내 딸 춘향 어쩔 텐가?"

홧김에 달려들어 코를 물어 뗄라 하니,

"내 탓이지 코 탓인가? 장모가 나를 몰라보네. 하늘이 무심하다 하더라도 풍운 조화와 뇌성 벽력은 있느니."

춘향 어미 기가 막혀,

"양반이 그릇되매 못된 능청조차 들었구나."

어사는 짐짓 춘향 어미의 하는 거동을 보려고,

"시장해서 나 죽겠네. 나 밥 한 술 주소."

춘향 어미 밥 달라는 말을 듣고,

"밥 없네."

어찌 밥이 없을까마는, 홧김에 하는 말이었다.

이 때, 향단이 옥에 갔다 나오더니, 저의 아씨 야단치는 소리에 가슴이 벌렁벌렁, 정신이 어질어질, 정처없이 들어가서 가만히 살펴보니, 전의 서방님이 와 계시구나. 어찌나 반갑던지 우루룩 들어가서,

"향단이 문안이오. 대감님 문안이 어떠하시오며, 대부인 기체 안녕하시오며, 서방님께서도 먼 길에 평안히 오셨습니까?"

"오냐. 고생이 어떠하냐?"

"소녀, 몸은 무탈하옵니다. 아씨, 아씨, 큰아씨, 마오, 마오, 그리 마오. 멀고 먼 천리길에 누구 보려고 와 계시기에 이 괄시가 웬일이오. 애기씨가 아시면 야단이 날 것이니, 너무 괄시 마옵소서."

부엌으로 들어가더니, 먹던 밥에 풋고추 절이김치에 양념 넣고 단간

장에 냉수 가득 떠서 모반상에 받쳐 드리면서,

"더운 진지 할 동안에 시장하신데 우선 요기하옵소서."

어사또 반겨하며,

"밥아, 너 본 지 오래 되었구나."

여러 가지를 한데다가 붓더니, 숟가락 댈 것 없이 손으로 뒤져서 한편으로 몰아치더니, 마파람에 게 눈 감추듯 하는구나. 춘향 어미 하는 말이,

"얼씨고, 밥 빌어먹기는 이골이 났구나."

이 때, 향단이는 저의 애기씨 신세를 생각하여 크게 울지는 못하고, 흐느껴 울면서 하는 말이,

"어찌할 꺼나, 어찌할 꺼나. 도덕 높은 우리 애기씨를 어찌하여 살리시려오. 어쩌꺼나요, 어쩌꺼나요."

실성하여 우는 모양을 어사또 보더니 기가 막혀,

"여봐라, 향단아! 울지 마라, 울지 마라. 너의 아기씨가 설마 죽을 것이냐? 행실이 지극하면 사는 날이 있느니라."

춘향 어미 듣더니,

"애고, 양반이라고 오기는 있어서."

"대체 자네가 왜 저 모양인가?"

향단이 하는 말이,

"우리 큰아씨 하는 말을 조금도 너무 걱정 마옵소서. 나이가 많아 노망이 난 중에 이 일을 당해 놓으니, 홧김에 하는 말을 조금이라도 노하리까. 더운 진지 잡수시오."

어사또 밥상받고 생각하니, 분기가 하늘을 찔러 마음이 답답해지고 오장이 벌렁벌렁, 저녁밥이 맛이 없어,

"향단아, 상 물려라."

담뱃대 툭툭 털며,

"여보소, 장모. 춘향이나 좀 보아야지."

"그러지요. 서방님이 춘향을 안 보셔서야 인정이라 하오리까."

향단이 여쭈되,

"지금은 문을 닫았으니 쇠북 소리가 나거든 가사이다."

이 때, 마침 쇠북을 뎅뎅 치는구나. 향단이 미음상 이고 등롱을 들고, 어사또는 뒤를 따라 옥문간에 이르렀다. 인적이 고요하고 옥졸도 간 곳이 없네. 이 때, 춘향이 꿈인 듯 생시인 듯 서방님이 오셨는데, 머리에는 금관이요, 몸에는 붉은 바탕에 검은 띠를 두르고 있었다. 그리워하는 마음으로 목을 안고 온갖 정다운 이야기를 다 하는 때였다.

"춘향아!"

부른들 대답이나 있을 것이냐. 어사또 하는 말이,

"크게 한 번 불러 보소."

"모르는 말씀이오. 여기서 동헌이 마주치는데, 소리가 크게 나면 사또가 무슨 소리냐고 물어 보실 것이니, 잠깐 기다리시오."

"무어, 어때. 물어 보긴 뭘 물어 봐. 내가 불러 볼 것이니, 가만 있소. 춘향아!"

부르는 소리에 깜짝 놀라 일어나며,

"허허, 이 목소리, 잠결인가 꿈결인가? 그 목소리 괴이하다."

어사또 기가 막혀,

"내가 왔다고 말을 하소."

"왔다는 말을 하면 기절 낙담할 것이니, 가만히 계시오."

춘향이 저의 모친 음성 듣고 깜짝 놀라,

"어머니, 어찌 와 계시오. 몹쓸 딸자식을 생각하여 천방 지축 다니다가 낙상하기 쉽소. 요담에는 오시려 하지 마시오."

"나는 염려 말고, 정신을 차려라. 왔다."

"오다니, 누가 와요."

"그저 왔다."

"갑갑하여 나 죽겠소. 일러 주오. 꿈 속에서 임을 만나 정다운 이야기를 했더니, 혹시나 서방님께서 기별 왔소? 언제 오신단 소식 왔소? 벼슬하고 내려온단 소식 왔소? 애고, 답답해라."

"서방인지 남방인지 거지 하나 내려왔다."

"허허, 이게 웬일인가! 서방님이 오시다니, 꿈 속에 보던 임을 생시에 본단 말인가?"

문틈으로 손을 잡고 말 못 하고 기절하며,

"애고, 이게 누구시오. 아마도 꿈이겠지. 그리워하면서도 만나지 못하던 그리운 임을 이렇게 쉽게 만나다니. 이제 죽어도 한이 없네. 어찌 그리 무정한가! 박명하다, 나의 모녀. 서방님 이별 후에 자나 누우나 임 그리워, 날이 갈수록 한이 되더니, 이내 신세 이렇게 되어, 매를 맞아 죽게 되니, 날 살리러 와 계시오?"

한참 이렇게 반기다가 임의 모습 자세히 보니, 어찌 한심하지 않으랴?

"여보, 서방님. 내 몸 하나 죽는 것은 설운 마음 없소마는, 서방님 이 지경이 웬일이오?"

"오냐, 춘향아. 설워 마라. 사람의 목숨은 하늘에 달려 있는데, 설마 한들 죽기야 하겠느냐?"

춘향이 저의 모친 불러,

"한양성 서방님을 칠 년 동안 가문 날에 백성이 비 오기를 목마르게 기다린들 나처럼 지극하던가? 심은 나무가 꺾어지고, 공든 탑이 무너졌네. 가련하다, 이내 신세. 하릴없이 되었구나. 어머님, 나 죽은 후에라도 원이나 없게 하소서. 나 입던 비단 장옷 봉장 안에 들었으니, 그 옷 내어 팔아다가 한산 모시 바꾸어서 물색 곱게 도포 짓고, 흰 비단으로 지은 치마를 되는 대로 팔아다가 관과 망건과 신발을 사

드리고, 옥 가락지가 함 속에 들었으니, 그것도 팔아다가 한삼 흩바지 초라하지 않게 하여 주오. 오늘 내일 죽을 년이 세간 두어 무엇 할까. 용장롱, 봉장롱 빼닫이를 되는 대로 팔아다가 좋은 반찬을 만들어 진지를 대접하오. 나 죽은 후에라도 나 없다 마시고 나 본 듯이 섬기소서. 서방님, 내 말 들으시오. 내일이 본관 사또 생일이라 취중에 술주정이 일어나면 나를 올려 칠 것이오. 매맞은 다리에 장독이 났으니 손발인들 놀리겠소. 어지러이 흐트러져 가닥가닥 드리워진 머리, 이렁저렁 걷어 얹고 이리 비틀 저리 비틀 들어가서 매맞아 죽거든 삯꾼인 체 달려들어 둘러업고, 우리 둘이 처음 만나 놀던 부용당의 쓸쓸한 곳에 뉘어 놓고, 서방님이 손수 염습하되, 나의 혼백 위로하여, 입은 옷은 벗기지 말고 양지 쪽에 묻었다가, 서방님 귀하게 되어 벼슬을 하시거든 한때도 두려 말고, 함경도에서 나는 긴 베로 다시 염을 하여 조촐한 상여 위에 덩그렇게 실은 후에 북망 산천 찾아갈 제, 앞 남산 뒷 남산 다 버리고, 한양으로 올려다가 선산 발치에 묻어 주고, 비문에 새기기를 '수절원사춘향지묘*'라고 여덟 자만 새겨 주오. 망부석이 안 되겠소? 서산에 지는 해는 내일 다시 오련마는, 불쌍한 춘향이는 한 번 가면 어느 때 다시 올까? 원한이나 풀어 주오. 애고 애고, 내 신세야! 불쌍한 나의 모친 나를 잃고 가산을 탕진하면 하릴없이 거지되어 이 집 저 집 걸식타가 언덕 밑에서 조속조속 졸면서 쓰러져 죽으면, 지리산 갈까마귀 두 날개를 떡 벌리고 둥덩실 날아들어 까옥까옥 두 눈을 다 파먹은들 어느 자식 있어 후여 하고 날려 주리
"
애고애고 섧게 울 제, 어사또,
"울지 마라. 하늘이 무너져도 솟아날 구멍이 있느니라. 네가 나를 어

---

* 수절원사춘향지묘(守節冤死春香之墓) 수절을 하다가 원통하게 죽은 춘향의 무덤.

찌 알고 이렇듯이 설워하느냐?"

작별하고 춘향 집에 돌아왔다.

춘향이는 어둠침침 한밤중에 서방님을 번개같이 얼른 보고 옥방에 홀로 앉아 탄식하는 말이,

"밝은 하늘은 사람을 낼 때 별로 후하고 박함이 없건마는, 나의 신세 무슨 죄로 이팔청춘에 임 보내고 모진 목숨 살아 이 형문, 이 형상 무슨 일인고. 옥중 고생 서너 달에 밤낮 없이 임 오시기만 바랐더니, 이 제는 임의 얼굴 보았으니 광채 없이 되었구나. 죽어 황천에 돌아온들 여러 왕 앞에 무슨 말을 자랑하리."

애고애고 섧게 울 때, 기가 막히고 기운이 빠져서 거의 다 죽은 것처럼 되는구나.

어사또가 춘향 집에서 나와, 그 날 밤을 새기로 작정하고, 문 안과 문 밖을 다니며 남몰래 염탐을 하는데, 이방이 구실아치의 심부름꾼을 불러 하는 말이,

"여보소, 소문을 들으니, 어사또가 새문 밖 이씨라더니, 아까 삼경에 등롱불 켜 들고 춘향 어미 앞세우고, 해진 옷을 입고 부서진 갓을 쓴 손님이 아무래도 수상하니, 내일 본관 잔치 끝에 행색을 잘 봐 두었다가 생탈 없게 단단히 조심하소."

어사, 그 말 듣고,

"그놈들 알기는 아는구나."

하고, 또 장청에 가서 들으니, 군관 거동 보소.

"여러 군관님네, 아까 옥거리에서 부질없이 왔다갔다 하는 거지가 정말로 수상하데. 아무래도 분명히 어사인 듯하니, 용모의 특징을 그린 걸 내어놓고 자세히 보소."

어사또 듣고,

"그놈들 모두가 귀신 같구나."

하고, 현사에 가서 들으니, 호장도 역시 그랬다.

육방에 가서 염탐을 다한 후에 춘향의 집에 돌아와서 그 날 밤을 샜다. 이튿날 아침, 벼슬아치들이 상관에게 인사를 하고 나자, 가까운 읍의 수령들이 모여들었다. 운봉 영장을 비롯해서 구례, 곡성, 순창, 옥과, 진안, 장수 원님들이 차례로 모여들었다. 왼쪽에 행수 군관, 오른쪽에 현령 사령, 한가운데의 본관은 주인이 되어 하인을 불러 분부하되, 음식을 맡아 보는 아전을 불러 손님상을 올려라, 육류를 바치는 일을 맡아 보는 관노인 육고자를 불러 큰 소를 잡으라 하고, 예방을 불러 풍류를 업으로 삼아 악기를 연주하는 고인을 대령하게 하고, 승발을 불러

차일을 준비하라 하고, 사령을 불러 잡인을 들어오지 못하게 하였다.

이렇게 요란을 떨고 있을 때, 군대의 깃발과 각종의 병장기들이며, 북, 장구, 해금, 피리, 태평소를 연주하는 악사들이 하늘에 떠 있고, 연둣빛 저고리와 다홍치마를 입은 기생들은 비단 적삼을 입고 하얀 손을 높이 들어 춤을 추며 지화자 둥덩실 하는 소리에 어사또 마음이 어지러워지는구나.

"여봐라, 사령들아! 너희 원님에게 전해라. 먼 곳에 있는 거지가 좋은 잔치 자리에 왔으니, 술과 안주 좀 얻어먹잔다고 여쭈어라."

저 사령 거동 보소.

"어느 양반인데, 우리 원님께서 거지는 들어오지 못하게 하라고 하셨으니, 그런 말은 하지도 마오."

등을 밀쳐 내니, 어찌 명관이 아닌가?

운봉 영장이 그 거동을 보고 본관에게 청하는 말이,

"저 거지의 의관은 남루하나 양반의 후예인 듯하니, 말석에 앉히고 술잔이나 먹여 보내는 게 어떠하오?"

본관이 하는 말이,

"운봉 뜻대로 하오마는."

하니, '마는'이라는 소리의 뒷맛이 사납게 들렸다. 어사는 속으로,

'오냐. 도적질은 내가 하마. 오랏줄은 네가 져라.'

운봉 영장이 분부하되,

"저 양반, 듭시래라."

어사또가 들어가서 단정히 앉아 좌우를 살펴보니, 대청 위의 모든 수령들이 다과를 앞에 놓고 있는데, 기생들의 진양조가 멋들어지게 드높아 갈 제, 어사또가 상을 보니 어찌 통분하지 않으랴. 모서리가 떨어진 개다리소반에 닥채 젓가락, 콩나물, 깍두기, 막걸리 한 사발이 놓였구나.

상을 발길로 탁 차 던지며 운봉 영장의 갈비를 가리키며,

"갈비 한 대 먹읍시다."

"다 잡수시오."

하고 운봉이 하는 말이,

"이러한 잔치에 풍류로만 놀아서는 맛이 적으니, 시를 한 수씩 지어 보면 어떠하오?"

그 말이 옳다고 하자, 운봉이 운을 낼 제, 높을 고(高) 자, 기름 고(膏) 자 두 자를 내놓고 차례로 운을 다는데, 어사또 하는 말이,

"거지도 어려서 시깨나 읽었으니, 좋은 잔치를 당해서 술과 안주도 배불리 먹고 그냥 가기도 염치가 없으니, 시 한 수 지읍시다."

운봉이 반겨 듣고, 붓과 벼루를 내어 주니, 그 자리에 있는 사람들이 시를 짓지 못하고 있는 사이에 글 두 구를 지었으되, 백성들의 형편을 생각하고 본관의 고을 다스리는 꼴을 생각하여 지은 것이었다.

　　금동이의 아름다운 술은 일천 백성의 피요,
　　옥소반의 맛좋은 안주는 일만 백성의 기름이라.
　　촛물 떨어질 때 백성 눈물 떨어지고,
　　노랫소리 높은 곳에 원망 소리 높았더라.

이렇게 지었으되, 본관은 몰라보고, 운봉이 글을 보며 마음 속으로,

'아뿔싸, 일이 났구나!'

이 때, 어사또 하직하고 간 연후에 호장, 이방, 수형리의 세 관속을 불러 분부하되,

"야야, 일이 났다!"

공방 불러 방석 단속, 병방 불러 역마 단속, 원님의 음식을 맡아 보는 관청색 불러 다과 단속, 형옥 불러 죄인 단속, 집사 불러 형구 단속, 형방 불러 문서와 장부 단속, 사령 불러 숙직 단속, 한참 이렇게 요란할

제, 본관이

"여보, 운봉은 어디를 다니시오."

"소피 보고 들어오오."

본관이 분부하되,

"춘향을 급히 올리라."

술주정이 날 때, 이 때 어사또가, 서리에게 눈짓을 하자 서리, 중방 거동 보소. 역졸 불러 단속할 제 이리 가며 수군, 저리 가며 수군수군. 서리 역졸 거동 보소. 외올 망건, 공단 싸개, 새 패랭이 눌러 쓰고, 석자 감발, 새 짚신에 한삼 고의 산뜻 입고 육모 방망이 녹비끈을 손목에 걸어쥐고 여기서 번쩍, 저기서 번쩍, 남원읍이 술렁술렁. 청파 역졸 거동 보소. 달 같은 마패를 햇빛같이 번듯 들어,

"암행 어사 출두야!"

외치는 소리에 강산이 무너지고 천지가 뒤집히는 듯, 초목 금수인들 떨지 않으랴?

남문에서,

"출두야!"

북문에서,

"출두야!"

동서문 출두 소리가 푸른 하늘에 진동하고,

"공형 들라!"

외치는 소리에 육방이 넋을 잃어,

"공형이오."

등채로 후닥닥,

"애고, 죽겠다!"

"공방, 공방!"

공방이 방석 들고 들어오며,

"안 하려는 공방을 하라더니, 저 불 속에 어찌 들어가랴!"

등채로 후닥닥,

"애고, 박 터졌네!"

좌수, 별감 넋을 잃고, 이방, 호장 정신 잃고, 삼색 나졸 분주하네.

모든 수령 도망할 때 거동 보소. 인궤* 잃고 약과 들고, 병부 잃고 송편 들고, 탕건 잃고 용수 쓰고, 갓 잃고 소반 쓰고, 칼집 쥐고 오줌 누기, 부서지는 것은 거문고요, 깨지는 것은 북과 장구였다. 본관이 똥을 싸고 나서, 멍석 구멍에서 새앙쥐가 눈 뜨듯하고 내아로 들어가서,

"어, 추워라! 문 들어온다, 바람 닫아라! 물 마른다, 목 들여라!"

관청색은 상을 잃고 문짝 이고 내달으니, 서리, 역졸 달려들어 후닥닥,

"애고, 나 죽네!"

이 때, 암행 어사 옷을 입은 사또가 분부하기를,

"이 고을은 대감이 좌정하시던 고을이니, 시끄럽게 떠들지 말고 객사로 자리를 옮겨라."

하고 자리에 앉은 후,

"본관은 봉고파직*하라."

분부하시니,

'본관은 봉고파직이요!'

사대문에 방을 붙이고 옥형리 불러 분부하기를,

"네 고을의 옥에 갇힌 죄수들을 모두 다 끌어 내라."

호령했다. 죄인을 끌어 내자, 다 각각 죄를 따진 후에 죄 없는 자는 놓아 주는데,

"저 계집은 무엇이냐?"

형리가 말하기를,

---

* 인궤(印櫃) 관아에서 도장을 넣어 두는 상자. 인뒤웅이.
* 봉고파직(封庫罷職) 부정 비리를 저지른 못된 원을 파면하고 관가의 창고를 봉하여 잠그는 일.

"퇴기 월매의 딸이온데, 관청 뜰에서 사납고 독한 짓을 한 죄로 옥중에 있사옵니다."

"무슨 죄냐?"

형리가 아뢰기를,

"본관 사또가 수청 들라 불렀더니, 수절이 정절이라 하며 수청을 들지 않으려고 관청 뜰에서 포악한 짓을 한 춘향이로소이다."

어사또 분부하기를,

"너 같은 년이 수절한다고 관청에서 포악한 짓을 하였으니, 살기를 바랄 것이냐. 죽어 마땅하되, 내 수청도 거역할 것이냐?"

춘향이 기가 막혀,

"내려오는 고을 원마다 모두 명관이로구나. 암행 어사 들으시오. 층암절벽 높은 바위, 바람 분다고 무너지며, 푸른 소나무와 대나무가

눈이 온들 변하리까? 그른 분부 마시고 어서 바삐 죽여 주오.”
하며,

　“향단아! 서방님 어디 계신지 찾아보아라. 어젯밤에 옥문간에 와 계
　셨을 때 천만당부하였더니, 어디를 가셨는지, 나 죽는 줄 모르는가!”
　어사또 분부하기를,
　“얼굴 들어 나를 보라!”
하니, 춘향이 고개를 들어 대 위를 살펴보았다. 거지꼴을 하고 왔던 낭
군이 어사또가 되어 또렷이 앉았구나. 반 웃음 반 울음에,
　“얼씨구나 좋을씨고. 어사 낭군 좋을씨고. 남원 읍내 가을 들어 떨어

지게 되었더니, 객사에 봄이 들어 자두꽃과 봄바람이 날린다. 꿈이냐
생시냐. 꿈을 깰까 염려로구나."

한참 이렇게 즐길 적에, 춘향 어미 들어와서 한없이 즐거워하는 말을
어찌 다 하랴. 춘향의 높은 절개, 광채 있게 되었으니, 어찌 좋지 않겠는
가? 어사또, 남원에서 공무를 마친 후에 춘향 모녀와 향단이를 서울로 데
리고 올라갈 때 차림이 눈부시니, 세상 사람들이 누가 칭찬하지 않겠는
가? 이 때, 춘향이 남원을 하직할 때 지체가 높고 귀하게 되었건만, 고향
을 이별하니 한편으로는 기쁘고, 다른 한편으로는 슬프지 않겠는가?

놀고 자던 부용당아, 너 부디 잘 있거라.
광한루, 오작교며 영주각도 잘 있거라.
봄풀은 해마다 푸르되 떠난 객은 돌아오지 않는다고 한 시는
나를 두고 한 말이다.
다 각기 이별할 제 만세무량하옵소서.
다시 보기 아득하다.

이 때, 어사또는 좌우도를 돌아보고 민정을 살핀 후에 서울로 올라가
임금님 앞에 절을 하였다. 육조의 판서, 참판, 참의 들이 들어와서 문서
와 장부를 검토한 후, 임금님이 크게 칭찬하시고, 바로 이조참의 대사
성이라는 벼슬을 내리시고, 춘향에게는 정렬부인을 봉하시었다.

대사성이 임금님 은혜에 감사하고 공손히 절을 하고 물러나와 부모
님을 뵈오니, 성은을 축하하고 감사하게 여기시었다.

이 때, 이조 판서, 호조 판서, 좌우 영상을 다 지내고 벼슬길에서 물
러난 후, 정렬부인과 함께 백 년을 같이 즐길 때, 정렬부인 슬하에 삼남
삼녀를 두었는데, 모두가 총명하여 그 부친보다 낫고, 자자손손이 대를
이어 일품 벼슬을 하면서 만세토록 전해져 내려왔다.

작자 미상

심청전

심청전

    고려 무렵, 황해도 황주에 심학규라는 사람이 있었는데, 대대로 높은 벼슬을 해 온 집안이어서 가문의 이름이 뚜렷이 빛났다.

    그러나 집안이 망하여 가난한 신세가 된 데다가 스무 살 적에는 눈마저 멀었다. 찾아오는 사람도 없고, 벼슬을 하는 사람도 없었다. 그래서 시골 구석에서 곤궁한 신세가 되어, 도와 줄 만한 가까운 친척이 없고, 아울러 눈마저 멀었으니, 누가 대접해 주겠는가? 하지만 양반의 후손으로서 행실이 청렴하고 뜻이 높아, 행동 하나하나를 조금도 소홀히 하지 않자, 그 마을 사람들은 모두 다 칭찬했다.

    그의 아내 곽씨 부인도 마음이 어질고 사리에 밝아, 현숙한 덕망과 효성스런 절개를 지녔다. 옛 경전은 모를 것이 없고, 제사를 모심과, 손님을 맞이함과, 마을 사람과 화목함과, 집안 어른을 공경함과 살림살이를 함과 모든 예의 범절 등, 무슨 일이든지 감당할 만했다.

    한 칸 안팎의 작은 오막살이집과 거칠고 반찬 없는 밥을 먹고 물을 마시는 처지였다. 집 밖에는 한 조각의 논밭도 없고, 집 안에는 종 한

명도 없었다.

가련한 곽씨 부인이 품을 팔 때, 삯바느질, 삯빨래, 삯길쌈, 삯마전, 염색하기, 혼인집이나 상가집의 음식 장만, 술 빚기, 떡찌기, 일 년 삼백육십 일을 잠시라도 놀지 않고 품을 팔아서 모았다. 푼을 모아 돈이 되면, 돈을 모아 냥을 만들고, 냥을 모아 관이 되면, 이웃 동네 사람들의 봄, 가을에 지내는 제사와, 앞 못 보는 지아비를 공경하는 일을 한결같이 했다.

가난과 병신은 조금도 허물될 것이 없고, 위아랫 마을 사람들이 부러워하고 칭찬하는 소리에 재미있게 세월을 보냈다.

그러나 그렇게 지내는 중에도, 심학규가 가슴 속에 한갓 억울한 한을 품은 것은, 슬하에 자식 하나도 없는 것이었다.

어느 날, 심 봉사가 마누라를 곁에 불러 앉히고,

"여보 마누라, 거기 앉아 내 말 좀 들어 보오. 사람이 세상에 태어나서 부부야 뉘 없겠소. 하지만 이목구비 성한 사람도, 괘씸하고 엉큼한 계집을 얻어 부부가 불화하는 일이 많은데, 마누라는 전생에 나와 무슨 은혜가 있어서 이생에 부부되어 앞 못 보는 나를 잠시도 놀지 않고, 밤낮을 가리지 않고 벌어들여 어린아이 받들 듯이, 행여나 추워할까 배고파할까, 의복과 음식을 때를 맞춰 지성으로 봉양해 주고 있소. 나야 편하긴 하지만, 마누라 고생살이가 도리어 불안하니, 괴로운 일 너무 말고 사는 대로 삽시다. 그러나 내 마음에 지극히 소원하는 일이 있소. 우리 나이가 사십이지만 품 안에 자식 하나도 없어 조상의 제사를 끊게 되니, 죽어서 황천에 돌아간들 무슨 면목으로 조상을 대하겠소. 그리고 우리 두 사람이 죽은 후의 신세와 장의 절차와 소상과 대상의 제사며, 해마다 돌아오는 기제사며, 밥 한 그릇, 물 한 모금 누가 떠 놓겠소. 병신 자식이라도 아들이든 딸이든 낳아 보면 평생의 한이 풀릴 것 같은데, 어찌하면 좋을는지 모르겠소. 이름난 산에 가서 정성이나 들여 봐요."

"옛글에 있는 말씀, 불효한 일 삼천 가지 중에서 후손 없는 것이 가장 크다 했어요. 자식 두고 싶은 마음이야 누군들 없겠어요. 제 죄가 당연히 쫓겨날 만하지만, 당신의 넓으신 덕으로 지금까지 살아 왔으니, 무슨 일을 못 하겠어요. 하지만 당신의 바르고 크신 속마음을 알지 못해서 말씀을 드리지 못했는데, 먼저 말씀하시니, 지성껏 하겠어요."

이렇게 대답하고, 그 날부터 품을 팔아 모은 재물로 온갖 정성을 다 드렸다.

이름난 산에 있는 신령단, 오래 된 사당, 잡신을 모신 사당, 석왕사의 부처님과 보살, 칠성님 전 불공 드리기, 나한님 전 불공 드리기, 백일 동안 산제, 제석천에 불공 드리기, 가사를 시주하기, 연등 행사에 시주하기, 창호 시주하기, 다리 적선, 길닦기와 집에 들어 있는 날도 성주, 조왕, 터주, 제신께 제사 지내기 등을 가까스로 다 지내니, 공든 탑이 무너지며 힘든 나무 부러지랴.

갑자 사월 초파일날, 꿈 하나를 얻었는데, 이상했다. 천지가 맑고 밝으며, 상서로운 기운이 공중에 서리고 오색 구름이 끼더니, 신선인 옥녀가 학을 타고 하늘에서 내려왔다. 머리 위에는 화관을 쓰고, 몸에는 아름다운 비단옷을 걸치고 있다.

월패를 차고 옥패 소리가 쟁쟁한데, 월계꽃 가지를 손에 들고 거드름을 피우면서 의젓하게 내려와서 부인 앞에 재배하고 곁으로 다가오는 모습이 뚜렷한 월궁 항아가 달 속으로 들어온 듯, 남해 관음이 바다 가운데로 돌아온 듯, 심신이 황홀하여 진정치 못할 때, 선녀는 고운 모양으로 슬픈 목소리로 하는 말이,

"소녀는 다른 사람이 아니라 서왕모*의 딸입니다. 복숭아를 올리러

❚ * 서왕모(西王母) 중국 신화에 나오는 선녀.

가는 길에 옥진 선녀를 잠깐 만나 얘기를 나누다가 때가 조금 늦어 상제께 죄를 지어 인간으로 귀양 와서 갈 곳을 모르고 있었어요. 그런데 부처님이 댁으로 가라 하여 지금 찾아왔으니, 어여삐 여겨 주세요."

하고 품에 와서 안겼다.

곽씨 부인이 잠을 깨어 보니, 한낱 꿈이었다. 심 봉사 내외가 꿈 이야기를 하는데, 두 사람의 꿈이 똑같았다. 태몽인 줄 짐작하고 기쁘게 여겼다. 그런데 그 다음 달부터 태기가 있었다. 귀신과 부처의 힘인가? 하늘이 도와 주심인가? 부인의 정성이 지극하므로, 하늘이 과연 감동하신 것이었다.

곽씨 부인의 어진 예의 범절과 조심이 극진하여, 앉아도 가장자리에는 앉지 않고, 서도 외발로는 서지 않으며, 자리가 바르지 않으면 앉지 않고, 베기를 바르게 하지 않은 것은 먹지 않으며, 귀로는 음란한 소리를 듣지 않고, 눈으로는 삿된 색을 보지 않아, 열 달을 고이 채웠다.

어느 날, 해산할 기미가 있자 부인이,

"아이고 배야! 아이고 허리야!"

하고 몸져누웠다.

심 봉사가 겁을 내어 이웃집을 찾아가서 친한 부인을 데려다가 해산 바라지를 시킬 때, 짚 한 다발을 들여 놓고, 새 사발에 깨끗한 물을 받아다가 소반 위에 받쳐 놓았다. 안절부절 못하면서 급한 마음에 순산하기만 바라고 있을 적에 향취가 진동하면서 아름다운 구름이 끼더니, 혼미한 가운데 탄생하니, 선녀 같은 딸이었다. 이웃집 부인이 들어와서 아기를 받은 뒤에 삼을 갈라 뉘어 놓고 밖으로 나갔는데, 곽씨 부인이 정신을 차려,

"여보시오, 서방님. 순산한 모양인데, 남녀간에 무엇이오?"

심 봉사는 기쁜 마음으로 아기를 더듬어 삿을 만져 보기를 한참 동안

하더니 웃으면서 하는 말이,

"아기 샅을 만져 보니, 아마 아들은 아닌가 보오."

아기를 배기 전에는 아기 배기만을 바라고, 아기를 밴 뒤에는 아들 되기를 희망하는 마음은 내외가 마찬가지여서, 곽씨 부인이 서러워하면서,

"늘그막에 얻은 자식, 딸이라니 절통해요."

심 봉사가 대답하기를,

"마누라, 그런 말 마시오. 딸이 아들만 못하다 해도 아들도 잘못 두면 수치스러움이 조상께 미칠 것이오. 딸자식도 잘만 두면 아들과 바꾸겠소. 우리, 이 딸 고이 길러 예절 먼저 가르치고, 바느질과 길쌈을 잘 가르쳐서 요조 숙녀 좋은 배필, 어질고 덕행 있는 사람에게 어울리는 좋은 짝 잘 가려서 금실 좋게 즐기고, 부부가 화합하여 자손이 번창하면 외손이 제사를 지내 주지 않겠소? 그런 말은 다시 하지 마시오."

이웃집 부인에게 당부하여 첫국밥 얼른 지어 삼신상에 받쳐 놓고, 옷과 갓을 단정히 갖추고 두 무릎을 공손히 꿇고 삼신께 두 손 모아 비는데,

"영험하신 신령님네, 한 마음 한 뜻이 되어 주시옵소서. 사십 후에 점지한 딸이 열 달을 고이 거둬 순산을 시키시니, 삼신님의 넓으신 덕을 잊겠습니까? 다만, 외동딸이라도 수복을 고르게 주시어 외 불어나고 가지 불어나듯이 잔병 없이 날로 달로 잘 자라게 해 주소서."

빌기를 마친 후, 더운 국밥 떠다 놓고 산모에게 먹인 다음, 심 봉사가 다시 생각하니, 비록 딸일망정 기쁘고 귀한 마음은 비할 데 없었다. 눈으로 보지는 못하고, 손으로 더듬거리며 아기를 어르는데,

"아가, 아가, 내 딸이야! 아들 겸 내 딸이야! 금을 준들 너를 사며, 옥을 준들 너를 사랴. 어둥둥 내 딸이야! 열 소경의 한 막대, 방 안 책상

머리에 놓이는 등경걸이, 새벽 바람에 여러 가지 빛깔의 등롱, 댕기 끝의 진주, 얼음 구멍의 잉어로구나. 어둥둥 내 딸이야! 논밭을 장만한들 이보다 더 좋으며, 산호, 진주 얻은들 이보다 반가우랴. 은하수 직녀성이 네가 되어 내려왔느냐. 어둥둥 내 딸이야!"

심학규가 이와 같이 즐거워할 때, 정말로 반가운 마음으로 이렇게 하자, 산모의 섭섭한 마음도 위로되어 서로 즐겁기 한량없었다.

슬프다! 세상의 슬픔과 기쁨이 한이 있고, 죽음과 삶이 기한이 있기에, 운수가 다하여 가련한 몸을 용서치 않는구나. 뜻밖에 곽씨 부인이 산후 더침이 일어나 숨이 매우 가쁘고, 힘없는 기침을 자꾸 하는 바람에, 음식을 전혀 먹지 못하고 정신없이 앓는데,

"아이고 머리야, 아이고 머리야!"

하는 소리를 들은 심 봉사는 겁을 먹고 의원을 찾아가서 약을 지어다 쓰고, 주문도 읽고 굿도 하고, 온갖 방법을 다 써서 서둘러 보건만, 죽을병을 어찌 사람의 힘으로 고칠 수 있을 것이냐? 심 봉사는 기가 막혀 곽씨 부인 곁에 앉아 온몸을 만져 보며,

"여보, 여보, 마누라! 정신 차려 말을 하시오. 음식을 전혀 먹지 못하고 기운이 허약해져서 이렇게 된 것이오. 삼신님께 탈이 되어 제석님의 탈이 났나. 하릴없이 죽게 되니, 이게 웬일이오. 만일 불행히 죽게 되면, 눈 어두운 이놈 팔자, 일가 친척 없어 혈혈단신 이내 몸이 올 데 갈 데 없어지니, 그것도 또한 원통한데, 포대기에 싸서 기르는 어린 딸을 어찌 한단 말이오."

곽씨 부인이 생각하니, 자기의 앓는 병세로 보아 살지 못할 줄 알고, 봉사에게 유언을 했다. 영감의 손을 잡고 후유 하고 길게 한숨을 쉬면서,

"여보시오 서방님, 내 말씀 들어 보오. 우리 부부 해로하여 한평생 같이 살자 했는데, 수명의 한도를 못 이기어 필경은 죽고 말 것이오. 죽

는 나는 슬프지 않지만, 영감의 신세는 어찌한단 말이오. 내가 평생 동안 먹은 마음은 앞 못 보는 영감님을 내가 조심하지 않고 범연히 대했다간 고생되기 쉬울 것 같기에 바람과 추위와 더위와 습기를 가리지 않고 이 마을 저 마을에서 품을 팔아 밥도 받고 반찬도 얻어, 식은밥은 내가 먹고 더운 밥은 영감께 드려서 주리지 않고 춥지 않게 극진히 공경해 왔는데, 천명이 이뿐인지 인연이 끊어졌는지 하릴없이 죽게 되었소. 내가 만일 죽게 되면 의복의 뒷바라지는 누가 하고, 아침 저녁 끼니는 누가 지어 드릴까? 아무 데도 의지할 곳 하나 없는 외로운 몸이 의탁할 곳이 없어, 지팡이를 걸쳐 잡고 더듬더듬 다니다가 구덩이에도 떨어지고 돌에도 채여 넘어져, 신세를 한탄하면서 우는 모양은 눈으로 보는 듯하고, 굶주림과 추위를 못 이기어 이 집 저 집 다니면서 '밥 좀 주시오.' 하는 그 소리가 귀에 쟁쟁히 들리는 듯하니, 나 죽은 혼인들 차마 어찌 듣고 보겠소? 밤낮으로 쉬지 않고 그리워하다가 사십 후에 낳은 자식에게는 젖 한 번도 못 먹이고 죽다니, 이게 무슨 일이오. 어미 없는 어린것을 누가 젖을 먹여 길러 내며, 춘하 추동 사시절을 무엇 입혀 길러 내리. 이 몸이 아차하는 순간에 죽게 되면 멀고 먼 황천길 갈 때 눈물이 앞을 가려 어찌 가며, 앞이 막혀 어떻게 갈꼬. 여보시오 봉사님, 저 건너 김 동지 댁에 돈 열 냥을 맡겼으니, 그 돈은 찾아다가 내가 죽어 초상을 치를 적에 아껴서 쓰시고, 항아리 속에 넣은 양식은 해산 쌀로 두었는데, 다 먹지도 못하고 죽어 가니, 출상이나 한 후에 양식으로 쓰시고, 진 어사 댁의 관대 한 벌은 가슴과 등에 학을 놓다 못 다 놓고 보에 싸서 농 안에 넣었으니, 남의 귀중한 의복은 내가 죽기 전에 보내시오. 뒷마을 귀덕 어미는 나와 친한 사람이니, 내가 죽은 후에라도 어린 아이 안고 가서 젖 좀 먹여 달라 하면 괄시하지는 않을 것이오. 천행으로 저 자식이 죽지 않고 살아나서, 제 발로 걷거들랑 앞에 세우고 길을 물어 내 무덤 앞에 찾아와서, '아가, 이 무덤이 네 어미 무덤이다.' 하고 똑똑히 가르쳐서 모녀를 만나게 해 주시오. 천명을 못 이기어 앞 못 보는 영감에게 어린 자식을 떼쳐 두고, 죽어서 영원히 이별하고 돌아가니, 영감의 귀하신 몸은 애통하여 상하게 하지 마시고, 아무쪼록 건강에 유의하여 몸을 잘 보전하시오. 이승에서 다 풀지 못한 한은 후생에 다시 만나 이별 없이 사십시다."

하고, 한숨 쉬고 돌아누워 아기에게 낯을 대고 혀를 차며,

"천지도 무심하고 귀신도 야속하다. 네가 진작 생겨났거나, 내가 좀 더 오래 살거나, 너를 낳자 내가 죽으니, 한량없는 슬픔을 너로 말미암아 품게 되니, 죽은 어미와 산 자식이 생사 간에 무슨 죄냐! 아가, 내 젖 마지막으로 먹고 어서어서 잘 자라라."

하고는 봉사더러,

"아차, 내가 잊었소. 이 애 이름을 심청이라 불러 주오. 이 애 주려고 지은 굴레에 진옥판 홍술과 진주 드림을 붙여 달아 함 속에 넣었으니, 엎치락뒤치락하거들랑 나 본 듯이 씌워 주오. 할 말은 한이 없지만, 숨이 가빠서 못 하겠소."

말을 마치며, 한숨을 이기지 못해서 부는 바람은 구슬픈 바람이 되어 있고, 눈물을 이기지 못해서 내리는 비는 쓸쓸한 가랑비가 되어 있구나. 딸꾹질 두세 번에 숨이 덜컥 끊어졌으니, 곽씨 부인은 이미 다시는 이 세상 사람이 아니었다. 슬프다. 사람의 수명을 하늘이 어찌 돕지 못하는가? 이 때, 심 봉사는 눈이 먼 사람이어서, 죽은 줄 모르고 아직도 살아 있는 줄 알고,

"여보 마누라! 병들면 다 죽겠소? 그런 일은 없소. 약방에 가서 물어 보고 약을 지어 올 것이니, 부디 마음을 놓으시오."

심 봉사가 아주 빨리 약을 지어 가지고 집으로 돌아와서 화로에 불을 피우고 부채질해서 달여 내어 베수건에 얼른 짜 들고 들어오며,

"여보 마누라, 일어나 약을 자시오."

하고, 약그릇을 곁에 놓고 부인을 일으켜 앉히려 할 때, 무서운 느낌이 들어 사지를 만져 보니, 수족은 다 늘어지고 코 밑에서 찬 김이 났다.

심봉사는 비로소 부인이 죽은 줄 알고 실성하여 발광하는데,

"아이고 마누라, 정말로 죽었는가?"

가슴을 꽝꽝, 머리를 탕탕, 발을 동동 구르면서 울며 부르짖는다.

"여보시오 마누라. 그대 살고 나 죽으면, 저 자식을 잘 키울 걸. 그대 죽고 내가 살아 저 자식을 어찌하며, 겨우겨우 사는 살림, 무엇 먹고 살아날까. 엄동 설한에 북풍이 불 때, 무엇 입혀 길러 내며, 배고파 우는 자식, 무엇 먹여 살려 낼까? 평생에 정한 뜻은 죽을 때까지 같이 살자 했더니, 염라국이 어디라고 나 버리고 어디 갔소. 이제 가면 언제 올까! 푸른 봄과 짝하여 좋이 고향으로 돌아오려는가. 마누라 가신 곳은 몇만 리나 멀었기에 한 번 가면 못 오는가. 삼천 년에 한 번 열리는 복숭아가 익을 무렵에 서왕모가 벌이는 잔치에 서왕모를 따라갔나?"

울다가 기가 막혀 목접이질 덜컥덜컥, 치딩굴 내리딩굴하다가 엎드러져 통곡하며 숨이 끊어지게 슬피 울었다.

이 때, 도화동 사람들이 이 말을 듣고 남녀 노소 할 것 없이 누가 슬퍼하지 않겠는가. 마을 사람들이 의논하되,

"곽씨 부인이 세상을 떠난 것도 지극히 불쌍하고, 눈먼 심 봉사도 불쌍하지 않은가. 우리 마을 백여 호에 한 돈씩 추렴해서 어진 곽씨 부인을 장사 지내 주는 게 어떻소?"

그 말 한 번 나오자, 모두들 찬성하고, 출상하려고 할 때, 불쌍한 곽씨 부인의 옷과 이부자리와 널을 깨끗이 하여, 새로 만들어진 상여 대틀 위에 널을 동여매어 내놓고, 남은 비록 가난한 초상일지라도 동네가 힘을 모아 정성껏 차렸으므로, 상두 치레는 지극히 화려했다.

동서 남북의 청의 동자 머리에 쌍북 상투 좌우 난간 비켜 세우고, 동쪽에 청봉, 서쪽에 백봉, 남쪽에 적봉, 북쪽에 흑봉, 한가운데에 황봉, 주홍 당사 벌매듭에 쇠코 물려 늘어뜨리고, 앞뒤에 청룡이 새겨진 벌매듭을 늘어뜨려서, 무명 닷줄 상두꾼은 두건, 제복, 행전가지 거들고서 상두를 메고 널을 옮긴다.

　　"댕그랑 댕그랑 어화 넘차 너하."

　　그 때, 심 봉사는 어린 아기 포대기에 싸서 귀덕 어미에게 맡겨 두고, 제복을 얻어 입고 상두 뒤채를 잡고 미친 듯 취한 듯이 간신히 부축을 받아 나아가면서,

　　"아이고, 여보 마누라! 날 버리고 어디 가나. 나도 가야지. 나하고 같이 가. 만 리라도 나와 함께 가세. 어찌 그리 무정한가! 자식도 귀하지 않소. 얼어서라도 죽겠소. 굶어서라도 죽을 테니, 나와 함께 가세."

　　"어화 넘차 너하."

　　심 봉사는 울고 부르기를 마지않고, 상두꾼은 상두 소리를 그치지 않는다.

　　　불쌍한 곽씨 부인, 행실도 얌전터니 불쌍히도 죽었구나!
　　　어화 넘차 너하.
　　　북망산이 멀다 마소. 건넛산이 북망일세.
　　　어화 너하 어화 너하.
　　　이 세상에 나온 사람, 장생 불사 못 하여서 이 길 한 번 당하지만,
　　　어화 넘차 너하.
　　　우리 마을 곽씨 부인, 칠십 향수 못 하고서 오늘날 이 길 웬일인가.
　　　어화 넘차 너하.
　　　새벽이 또다시 오니, 서산 명월 다 넘어가고, 슬픈 바람 슬슬 분다.

어화 너하 어화 너하.

그럭저럭 건너편의 산 쪽으로 돌아들어 햇볕이 잘 드는 양지 곁을 가려서 깊이 안장한 후 평토제를 지내는데, 축문을 읽을 적에, 심 봉사가 원래 맹인이 아니라 이십 후의 맹인인지라, 머릿속에 식자가 넉넉하므로, 슬픈 사정을 하소연하는 축문을 지어 읽었다.

"아아 슬프도다, 부인이여! 아아 슬프도다, 부인이여! 이 정숙하고 기품 있는 여자를 맞음이여! 기러기의 화락한 울음 소리도다. 한평생 해로하기를 기약했더니, 홀연히 죽어서 어디로 갔는가. 어린 자식 남겨 놓고 영영 돌아갔으니, 장차 어떻게 기르란 말인가? 한 번 가면 다시는 돌아오지 못하니, 언제 또다시 돌아오리요. 소나무와 오동나무를 얽어 집을 삼아, 푸른 산구멍을 더불어 영원이 누웠도다. 말소리와 모습을 생각하면 아득히 멀어서, 보기도 어렵고 듣기도 어렵구나. 백양나무 밖으로 달은 져서 산은 적막하고 밤은 깊어만 가는데, 처량히 우는 소리 들리는 듯하여, 무슨 말을 하소연한들, 저승과 이승이 막혀 길이 다르니, 그 뉘라서 위로하리요. 후유, 술과 과일과 포와 식혜로 간략히 제물을 차렸으니, 많이나 들고 돌아가오."

축문을 다 읽고 나더니, 심 봉사는 기가 막혀,

"여보시오 마누라, 나는 집으로 돌아가고, 마누라는 여기서 살고, 으흐흐."

달려들어 봉분에 엎드려 통곡하며 하는 말이,

"그대는 모든 걸 다 잊어버리고, 깊고 깊은 산골짜기에서 소나무와 잣나무로 울을 삼고 두견이의 벗이 되어, 내 신세 생각하니, 개밥에 도토리요, 꿩 잃은 매가 되니, 누굴 믿고 살 것인가."

봉분을 어루만지면서 정신 나간 사람처럼 대성 통곡을 하는 걸 보고, 동네 문상객들은 슬퍼하지 않는 사람이 없었다. 그들은 심 봉사를 위로

하며,

"마오, 마오, 이러지 마오. 죽은 아내 생각 말고 어린 자식 생각하오."

심 봉사는 마지못해 슬픔을 진정하여 집으로 돌아올 때, 정신을 차려, 동네에서 오신 손님들에게 고맙다는 인사를 하고 집으로 돌아갔다.

이 때, 심 봉사는 부인을 묻고, 밝은 달이 비치는 텅 빈 산에 혼자 두고 허둥지둥 돌아오니, 부엌은 쓸쓸하고 방은 텅 비었는데, 향내는 아직도 피어 있었다.

휑뎅그렁한 빈 방 안에 벗 없이 혼자 앉아 온갖 슬픈 생각을 할 때, 이웃집 귀덕 어미가 사람 없는 동안에 아기를 가져다가 보아 주었다가, 돌아와서 아기를 주고 갔다. 심 봉사는 아기를 받아 품에 안고 지리산 갈까마귀가 게 발 물어 던진 듯이 혼자 오똑 앉아 있으니, 슬픔이 구천에 사무치는데, 품 안의 어린 아기는 죄어쳐 울었다. 심 봉사, 기가 막혀 아기를 달래는데,

"아가, 아가, 울지 마라. 너의 어미 먼 데 갔다. 너도 너의 모친 잃고 슬픔 겨워 너 우느냐. 울지 마라, 울지 마라. 네 팔자가 얼마나 좋으면 이레 만에 어미 잃고 포대기에 싸여 고생하겠느냐. 울지 마라, 울지 마라. 해당화 범나비야, 꽃이 진다 설워 마라. 명년 삼월 돌아오면 그 꽃 다시 피느니라. 우리 아내 가시는 데는 한 번 가면 못 오신다. 어진 심덕, 착한 행실, 잊고 살 길 바이없다. 서산에 해가 져도 부인 생각이요, 빗소리를 들어도 부인 생각이다. 맑은 강에 가랑비 내릴 때 날아다니던, 짝 잃은 외기러기가 깨끗한 모래밭이 있는 푸른 바다를 바라보고 뚜루룩 껄꾹 소리를 하고 북쪽 하늘로 날아가는 것처럼 내 마음이 더욱더 섧다. 너도 또한 임 잃고 임 찾아가는 걸까. 너와 나를 비교하면 두 팔자가 똑같구나."

그럭저럭 그 날 밤을 지낼 적에 아기는 기운이 빠지고, 어두운 눈은

더욱더 침침해져서 어쩔 줄을 몰랐다. 동쪽이 밝아지면서 우물가에서 나는 두레 소리가 귀에 얼른 들리자, 날이 샌 줄 짐작하고 문을 펄떡 열고 우둥탕 밖으로 나가서,

"우물에 오신 부인, 뉘신 줄은 모르나, 이레 안에 어미 잃고 젖 못 먹어 죽게 된 이 아기, 젖 좀 먹여 주시오."

"나는 정말 젖이 없어요. 하지만 젖 있는 여인네는 이 마을에 많아요. 아기를 안고 찾아가서 젖 좀 먹여 달라면 누가 괄시하겠어요."

심 봉사는 그 말을 듣고 품 속에 아기를 안고, 한 손으로는 지팡이를 짚고 더듬더듬 동네에 들어가서 아기 있는 집을 물어 사립문 안으로 들어서면서 애걸복걸 비는 말이,

"댁이 뉘신진 모르나, 사뢸 말씀 있습니다."

그 집의 부인이 밥을 하다 말고 나오면서 슬프게 대답한다.

"그 지내던 말은 않겠어요. 대체 어찌 고생하시며, 어찌 오셨어요."

심 봉사, 눈물을 흘리면서 목이 메어 하는 말이,

"어진 우리 아내의 인심을 생각하나, 눈 어두운 나를 본들, 어미 없는 어린것이 불쌍하지 않습니까? 댁의 귀한 아기가 먹다 남은 젖이 있거든 이 애한테 젖 좀 먹여 주시오."

동서 남북 사방으로 다니면서 이렇게 애걸하자, 젖 있는 여인네가 목석인들 먹여 주지 않으며, 괄시할 수 있겠는가?

칠월이라 유화절에 지심 매고 쉬는 여자, 이 애 젖 좀 먹여 주오. 하얀 돌, 맑은 여울이 있는 시냇가에서 빨래하다가 쉬는 여자, 이 애 젖 좀 먹여 주오. 근방의 부인네가 심 봉사의 착한 성품을 알기 때문에, 한없이 불쌍하고 가엾게 여겨서, 아기를 받아 젖을 먹여 봉사에게 내주면서 하는 말이,

"여보세요, 봉사님. 어렵게 여기지 말고 내일도 안고 오고, 모레도 안고 오면, 이 애 설마 굶기겠어요."

"어질고 후덕하셔서 좋은 일을 하시니, 우리 마을 부인네들, 세상에는 보기 드뭅니다. 부디, 여러 부인네들, 복 많이 받고 건강하게 사십시오."

몇 번이고 고맙다는 말을 한 다음, 아기를 안고 집으로 돌아와서 아기 배를 만져 보면서 혼자말로,

"허허, 내 딸 배부르다. 일 년 삼백육십 일 내내 일생토록 이만했으면 좋겠구나. 이것이 뉘 덕이냐. 마을 부인의 덕이로구나. 어서어서 너도 너의 모친같이 어질고 효행을 닦아 아비에게 귀염을 보여 다오. 어려서 고생하면 부자되고 귀한 사람되어 자손 많이 낳느니라."

요를 덮어 뉘어 놓고, 아기가 노는 사이사이 동냥할 때, 삼베 전대 두 동을 만들어 한쪽 어깨에 엇메고, 지팡이를 둘러 짚고, 구붓하고 더듬더듬 이 집 저 집 다니면서 사시 사철 동냥하여, 한편에 쌀을 넣고 한편에 벼를 얻어, 주는 대로 저축했다.

한 달에 여섯 번 서는 장을 두루 돌아다니면서 어린아이의 암죽거리, 설탕, 홍합을 사서 들고 더듬더듬 오는 모습은 누가 보아도 불쌍하기 짝이 없었다.

이렇게 구걸하여 매월 초하룻날과 보름날에 지내는 제사를 거르지 않고 지나갈 때, 이 때 심청이는 장래 크게 될 사람이어서, 신령이 도와주어 잔병 없이 자라는데, 세월이 흐르는 물 같아서 그 아이가 예닐곱 살이 되어 가자, 소경 아비의 손길을 잡고 앞에 서서 인도하고, 열 살이 되어 가자, 얼굴은 매우 곱고, 효행은 남달리 타고났다.

소견이 능통하고 재주가 뛰어나서, 아버지의 아침 저녁 공양과 모친의 기제사를 지극히 공경하여 어른보다 못지않게 챙기니, 어느 누가 칭찬하지 않겠는가? 세상에 덧없는 것은 세월이요, 무정한 것은 가난이었다.

심청의 나이 열한 살 때, 집안 형편은 가련하고 늙은 아버지는 병이

드니, 어리고 약한 몸이 무엇을 의지해서 살겠는가? 하루는 심청이 아버지에게 말하기를,

"아버님, 들어보시오. 말 못 하는 까마귀도 저문 날에 텅 빈 숲 속에서 효도할 줄 압니다. 소녀의 나이도 열한 살입니다. 옛날의 효자만은 못할망정 맛있는 음식으로 공양하지 못하겠습니까? 아버지의 어두운 눈, 험한 길 다니시다가 넘어져서 다치기 쉽고, 바람과 비를 피하지 않고 다니시면 병환 나실까 염려됩니다. 아버님이 오늘부터 집 안에 계시면 소녀가 혼자서 밥을 얻어 아침 저녁 끼니 걱정을 덜어 드리겠습니다."

심 봉사, 크게 웃으면서,

"네 말이 효녀로구나. 인정은 그렇지만, 어린 너를 내보내고 앉아 받아 먹는 마음, 내가 어찌 편하겠느냐 그런 말은 다시는 하지 마라."

"아버지, 그런 말씀 마세요. 이만 일을 못 하겠습니까? 너무 말리지 마십시오."

심 봉사, 옳게 여기고 허락하되,

"효녀로구나, 내 딸이여. 네 말이 기특하니 아무렇게나 하려무나."

심청이 그 날부터 밥을 빌러 나설 적에 먼 산에 해 비치고 앞 마을에 연기가 나니, 가련하다. 심청이 베홀바지 옷대님 매고, 깃만 남은 헌저고리, 자락 없는 검푸른 무명 휘양*을 볼썽사납게 숙여 쓰고, 뒤축 없는 헌 신짝에 버선 없어 발을 벗고, 헌 바가지를 손에 들고 건너 마을을 바라보니, 산에는 새도 날아다니지 않고, 길에는 사람의 발자국 하나도 없었다.

북풍에 모진 바람이 살을 쏘듯이 불어 온다. 황혼녘에 걸어가는 거동은 눈 뿌리는 수풀 속에 외로이 날아가는 어미 잃은 까마귀 같았다. 옆

＊휘양 추울 때 머리에 쓰는 모자의 한 가지.

걸음을 쳐서 손을 불며 옹그리고 건너간다. 건넛마을에 다다라서 이 집 저 집 찾아가 부엌 문 안으로 들어서면서 가련히 비는 말이,

"어머님 돌아가신 후, 눈먼 우리 아버님 공양할 길이 없으니, 댁에서 잡수시는 대로 밥 한 술만 주십시오."

보고 듣는 사람들이 감동해서, 그릇밥, 김치장을 아끼지 않고 덜어 주며,

"아가, 어서 몸을 녹이고 많이 먹고 가거라."

하는 말은 가련한 정에 감동하여 고마운 마음으로 하는 말이었다. 그러나 심청이는,

"추운 방에서 늙은 아버지가 저 오기만 기다리고 계시니, 저 혼자 먹을 수가 있어야지요."

하는 말은 또한 아버지를 생각하는 지극한 정에서 나온 것이었다.

이렇게 얻은 밥이 두세 그릇이면 충분했다.

심청이 급한 마음으로 급히 서둘러 돌아와서 사립문 밖에 이르면서,

"아바지, 춥지 않으세요. 많이 시장하시지요. 여러 집을 다니자니 늦어졌어요."

심 봉사는 딸을 내보내고 마음을 놓지 못하다가 딸의 목소리를 반겨 듣고 문을 펄떡 열고,

"애고, 내 딸, 너 오느냐?"

두 손을 덥석 잡고,

"손 시리지 않으냐. 화롯불 쬐어라."

하고, 부모 마음은 자식 아끼는 것처럼 간절한 것은 없는 터인지라, 심 봉사는 기가 막혀 훌쩍 눈물을 흘리면서,

"애닯구나, 내 팔자야. 앞 못 보고 가난해서 아무짝에도 쓰지 못할 이 목숨이 살면 무엇 하자고 자식 고생을 시키는고!"

심청이 갸륵한 효성으로 아버지를 위로하여,

"아버지, 설워하지 마세요. 부모께 봉양하고 자식의 효를 받는 것이 도리에 떳떳하고 이치와 체면에 마땅한 일이니까 너무 걱정하지 마세요."

이렇게 봉양할 무렵에 춘하 추동 사시 사철을 쉬는 날이 없이 밥을 빌고, 나이 점점 자랄수록 바느질과 길쌈질로 삯을 받아 아버지를 공경하기를 한결같이 했다.

세월이 흐르는 물과 같아서 심청이 열다섯 살이 되자, 얼굴이 나라 안에서 가장 아름답고, 효행이 지극할 뿐만 아니라, 재질이 비범하고 문필도 아름다우며, 모든 일을 감당할 만하니, 하늘이 낸 아름다운 자질이었다. 여자 중의 군자요, 새 중의 봉황이요, 꽃 중의 모란이어서, 위아랫 마을 사람들이 어머니를 닮았다고 칭찬이 자자하여 멀고 가까운 마을에 소문이 널리 퍼져 나갔다.

하루는, 건너편 무릉 마을 장 승상의 부인이 심청의 소문을 들으시고 시비를 보내어 심 소저더러 찾아오라고 했다. 심청이 그 말을 듣고 아버지께 여쭙기를,

"아버지, 뜻밖에도 장 승상 부인께서 시비에게 분부하여 저를 부르시니, 시비와 함께 가겠습니다."

"일부러 부르신다니, 가 뵈어야 하지 않느냐. 그 부인이 한 나라의 재상 부인이니까 조심해서 다녀오너라."

"아버지, 제가 다녀오는 시간이 늦어지면 시장하실 거예요. 진짓상을 차려 상 위에 놓았으니까, 시장하시거든 잡수세요. 얼른 다녀오겠어요."

하직하고 물러서서 시비를 따라갈 적에 꾸밈이 없이 수수하고 단정하게 천천히 걸음을 옮겨 승상 댁 문 앞에 이르렀다.

문 앞에 늘어져 있는 수양버들은 봄빛을 자랑하고, 집들이 웅장하고 장식도 화려했다. 한층 높게 쌓아 올린 단에 다다라 바라보니, 반백이

넘은 부인이 앉아 있는데, 옷맵시가 단정하고 살갗이 풍부해서 복록이 가득해 보였다.

심청을 바라보고 일어서서 맞은 후에 심청의 손을 잡고,

"네가 심청이냐? 듣던 말과 다름없구나."

자리를 내주어 앉힌 후에 자세히 살펴보니, 별로 단장한 데가 없는, 아리따운 용모와 자태는 타고난 미인이었다. 조심스럽게 사리고 앉아 있는 모양은 하얀 돌이 깔려 있는 맑은 여울의 시냇가에서 목욕하고 앉아 있는 제비가 사람을 보고 금세 날아가려는 듯하고, 얼굴이 또렷해서 하늘 한복판에 돋아 있는 달이 물가에 비치는 듯하며, 맑고 곱게 보내는 눈길은 새벽 비가 갠 하늘에 반짝반짝 빛나는 샛별 같고, 아름답게 그어진 가는 눈썹은 한 조각의 초승달 같으며, 양 볼에 흐르는 고운 빛은 부용꽃이 새로 핀 듯하였다.

전생에 네가 어떤 사람이었는지는 몰라도, 너는 분명히 선녀로구나. 도화동에 귀양 와서 태어나니, 달나라의 궁전에서 놀던 선녀가 벗 하나를 잃었구나.

무릉 마을에 내가 있고 도화동에 네가 태어나자, 무릉 마을에 봄이 돌아오니 도화동에 꽃이 피었구나. 하늘과 땅의 정기를 빼앗으니, 너는 예사롭지 않은 사람이구나.

"심청아, 내 말 들어라. 승상은 세상을 떠나시고, 아들은 삼사 형제가 있으나 서울에서 벼슬하고 있고, 다른 자식이나 손자는 없다. 슬하에 말벗이 없어 자나 깨나 쓸쓸한 빈 방 안에서 대하는 것은 촛불이요, 길고 긴 겨울 밤에 보는 것은 옛날 책이로구나. 네 신세를 생각하니, 양반의 후손으로서 저렇듯이 가난하니, 나의 수양딸이 되면 길쌈이나 바느질도 가르치고 문자도 익히게 해서 내 친자식처럼 성취시켜 말년에 재미를 보려고 하는데, 네 뜻이 어떠하냐?"

심청이 대답하기를,

"팔자가 기박해서, 저 낳은 지 이레 만에 어머님께서 세상을 버리시고, 눈이 먼 늙은 부친이 저를 안고 다니시면서 동냥젖을 얻어먹여 근근히 길러 내어 이만큼 되었습니다. 하지만 어머님의 얼굴과 모습을 모르는 것이 하늘에 사무치는 한이 되어 끊일 날이 없어서, 제 부모를 생각해서 남의 부모를 봉양해 왔습니다. 오늘날, 승상 부인의 존귀하신 처지로서 미천함을 생각지 않으시고 딸을 삼으려 하시니, 어미를 다시 본 듯 반갑고도 황송합니다. 그러나 부인의 은혜로 제 팔자는 지체가 높고 고귀하게 되나, 눈먼 제 부친의 사철 의복과 아침 저녁 공양은 누가 하겠습니까? 길러 내신 부모의 은덕은 사람마다 있습니다만, 저는 더욱더 부모의 은혜는 비할 데가 없으니, 슬하를 한시라도 떠날 수가 없습니다."

목이 메어 말을 못 하고, 눈물이 흘러내려 옥처럼 깨끗하고 아름다운 얼굴에 젖는 모습은, 봄바람을 타고 내리는 가랑비가 복숭아나무 가지마다 잠겼다가 점점이 떨어지는 듯했다.

부인은 심청의 말을 듣고 나서 갸륵히 여겨,

"네 말을 듣고 보니, 과연 타고난 효녀로구나. 늙어서 정신이 흐려진 이 늙은이가 미처 생각지 못했다."

그럭저럭 날이 저물어 가자, 심청이 일어서면서 부인에게 말하기를,

"부인의 덕택으로 종일토록 놀다 가니, 영광스럽기 그지없습니다. 하지만 날이 저물어 가니, 제 집으로 가겠습니다."

부인이 아름답고 어여쁘게 여겨, 비단과 패물이며 양식을 많이 내주어 시비와 함께 보낼 적에,

"심청아, 내 말 들어라. 너는 나를 잊지 말고 모녀 간의 정의를 두어라."

"부인의 어진 처분을 여러 차례 말씀하시니, 가르침을 받겠습니다."

하직하고 돌아왔다.

그 때, 심 봉사는 무릉 마을에 딸을 보내고, 말벗이 없어 혼자 앉아 딸이 오기만을 기다릴 적에 배는 고파서 등에 붙고, 방은 추워서 썰렁하고, 잘 새는 날아들고, 먼 곳에 있는 절에서는 종을 치니, 날이 저문 줄을 짐작하고 혼자말로 한탄한다.

"우리 딸 심청이는 응당 얼른 돌아오련마는, 무슨 일에 골몰해서 날 저무는 줄 모르는고. 부인이 잡고 놓아 주지 않는 걸까? 바람이 불고 눈이 내려서 몸이 추워 못 오는가? 우리 딸 갸륵한 효성 바람과 비를 가리지 않고 돌아오련마는……."

새가 푸르륵 날아가기만 해도,

"심청이 너 오느냐?"

낙엽만 버석거려도,

"심청이 너 오느냐?"

아무리 기다려도, 쓸쓸한 빈 산에 해는 지고 갈 길은 멀어, 사람의 기척은 전혀 없다. 심 봉사가 갑갑해서 지팡이를 걸터잡고 딸 오는 곳으로 마중을 나간다. 더듬더듬 주춤주춤 사립문 밖에 나가다가, 비탈에 발이 삐끗 밀려서 개천물에 풍덩 떨어져 얼굴에는 온통 진흙이요, 옷이 다 젖는다. 두 눈을 번쩍이면서 나오려고 버둥거리면 더 빠지고, 사방의 물이 출렁거려서 물소리 요란하다.

심 봉사는 겁을 내어,

"아무도 없소. 사람 살리쇼!"

몸이 점점 더 깊이 빠져 허리에 물이 차 오르자,

"아이고, 나 죽는다!"

차츰 물이 올라와서 목에 가지런해지자,

"허푸, 허푸, 아이고 사람 죽소!"

아무리 소리를 지른들 오가는 사람이 없으니, 누가 건져 줄 것인가?

그 때, 몽운사 스님이 절을 개축하려고 권선문을 둘러메고 시줏집에 내려왔다가 절로 다시 돌아갈 때, 총총히 걸어가는 거동을 보니, 얼굴은 백옥 같고, 눈은 물결 같았다.

몽운사 스님이 시줏집으로 내려왔다가, 청산은 어둑어둑하고 눈 위에 비치는 달은 돋아올 때, 좁은 자갈밭 길로 흔들흔들 흐늘거리면서 올라갈 때, 바람결에 들려 오는 소리가 사람을 부르기에, 이 스님이 의아하게 여겨, 이 소리가 웬 소린고? 그 곳을 찾아가 보니, 어떤 사람이 개천물에 빠져 거의 다 죽게 된 것을 알고, 그 스님이 깜짝 놀라, 굴갓, 장삼을 훨훨 벗어 되는 대로 내버리고, 짚었던 지팡이를 되는 대로 내버려 던지고, 행전, 대님, 버선도 벗고, 누비바지 아래를 둘둘 말아 오

금에 딱 붙여, 백로가 물고기를 더듬어 찾는 것처럼 징검징검 들어가, 심 봉사의 가는 허리를 후리쳐 담쏙 안아 어뚜름 이어차 밖에 앉힌 후에 자세히 보니, 전에 보던 심 봉사였다.

"허허, 이게 웬일이오?"

심 봉사가 정신을 차려,

"나 살린 이가 누구시오?"

"소승은 몽운사 중이올시다."

"그렇지, 사람을 살리는 부처님이로군! 죽은 사람 살려 주니 은혜는 잊지 않겠소."

그 스님이 심 봉사의 손을 잡아 이끌고 가서 방 안에 앉힌 후, 젖은 옷을 벗겨 놓고 마른 옷을 입혔다. 그리고 물에 빠진 내력을 물은즉, 심 봉사가 신세를 한탄하면서 자초지종을 얘기하자, 스님이 말하기를,

"우리 절 부처님이 영험이 많으셔서 빌어서 안 되는 일이 없고, 구하면 응하시니, 부처님 전에 공양미 삼백 섬을 시주로 올리시고 지성으로 비시면 생전에 눈을 떠서 천지 만물의 좋은 구경을 할 수 있게 될 것입니다."

심 봉사는 그 말을 듣고 처지는 생각지 않고 눈 뜬다는 말만 반가워서,

"여보소, 대사. 공양미 삼백 섬을 권선문에 적어 가소."

스님이 허허 웃고,

"적기는 적으나, 댁의 가정 형편을 살펴보니, 삼백 섬을 주선할 길이 없을 것 같군요."

심 봉사가 화를 내어,

"여보소, 대사가 사람을 몰라보네. 어떤 실없는 사람이 영하신 부처님 전에 빈말을 한단 말인가? 눈도 못 뜨고 앉은뱅이마저 되게. 사람을 너무 재미 없이 여기는구먼. 당장 적어! 그렇지 않으면 칼부림날

터이니."

스님이 허허 웃고 권선문에 올리기를,

"심학규 쌀 삼백 섬."

이라 대서 특필하더니, 하직하고 나갔다.

심 봉사는 스님을 내보내고 화가 가라앉은 뒤에 생각해 보니, 도리어 후환이 되는 일임을 알고 혼자 한탄하기를,

"내가 공을 드리려다가 만약에 죄가 되면 이를 장차 어찌하잔 말인가."

묵은 근심, 새 근심이 불같이 일어나자, 신세를 한탄하면서 통곡하는 말이,

"천지가 지극히 공정하셔서 별로 후하고 박함이 없건만, 이내 팔자는 어찌하여 형세가 없고 눈이 멀어 해나 달처럼 밝은 것을 분별할 수 없고, 처자 같은 아주 가까운 사람들을 못 보는가? 우리 죽은 마누라가 살았으면 아침 저녁 먹을 걱정은 없을 텐데, 다 커 가는 딸자식이 마을 품을 팔아 간신히 입에 풀칠을 하는 판에 삼백 섬이 어디 있어 호기 있게 적어 놓고 백 가지로 헤아려도 방책이 없게 되니, 이를 어찌한단 말인가? 독그릇 다 팔아도 한 되 곡식 살 것 없고, 장롱함을 내다 판들 단돈 닷 냥 사지 않고, 집이나 팔자 한들 비바람 못 가리니, 나라도 안 살 것이다. 내 몸이나 팔자 한들 눈 못 보는 이 잡것 어느 누가 사 가겠는가? 어떤 사람은 팔자 좋아 이목 구비가 완전하고, 손발이 멀쩡하여 곡식이 풍성하게 많고 재물이 넉넉해서 아무리 써도 없어지지 않고, 아무리 가져가도 다함이 없어서 그른 일이 없건마는, 나는 혼자 무슨 죄로 이 몰골이 되었는가? 애고 애고 설운지고."

한참 동안 이렇게 슬피 울 때, 이 때 심청이 급히 서둘러 돌아와서 닫은 방문 펄쩍 열고,

"아버지."

하고 부르더니, 저의 부친 모양을 보고 깜짝 놀라 달려들어,

"애고, 이게 웬일이오. 나 오는가 마중코자 저 문 밖에 나오시다가 이런 욕을 보셨소? 벗으신 옷을 보니 물에 흠뻑 젖었으니, 물에 빠져 욕보셨소? 애고 아버지, 춥긴들 오죽하며 분함인들 오죽할까?"

승상댁 시비더러 방에 불을 때 달라고 하고, 치마를 걷어 쥐고 눈물을 씻으면서 얼른 밥을 지어 아버지 앞에 상을 놓고,

"아버지, 진지 잡수시오."

심 봉사는 어찌 된 까닭인지,

"나, 밥 안 먹을란다."

"어디 아파 그러시오. 소녀가 더디 온다고 괘씸해서 그러시오?"

"아니다."

"무슨 근심 계신가요."

"네 알 일 아니다."

"아버지, 그 무슨 말씀이오? 소녀는 아버지만 바라고 살고, 아버지께서는 소녀를 믿어 크고 작은 일을 의논하더니, 오늘은 무슨 일로 네 알 일 아니라고 하시니, 소녀는 비록 불효인들 말씀을 속이시니 마음이 슬픕니다."

하고, 심청이 훌쩍훌쩍 우는 소리를 듣고, 심 봉사가 깜짝 놀라,

"아가, 아가, 울지 마라. 너 속일 리 없지마는, 네가 만일 알고 보면 지극한 네 효성에 걱정이 되겠기로 진작 말을 못 했다. 아가, 너 오는가 문 밖에 나갔다가 개천물에 빠져서 거의 다 죽게 되었는데, 몽운사 스님이 나를 건져 살려 놓았다. 그리고 내 사정을 물어 보기에, 내 신세를 생각하고 전후 사정을 다 말했더니, 그 스님이 듣고 나서 이런 말을 하더구나. 몽운사 부처님이 영험하기가 짝이 없으니, 공양미 삼백 섬을 부처님 전에 시주하면 생전에 눈을 뜨게 된다고 하기에, 형세는 생각지 않고 홧김에 적었더니, 도리어 후회가 되는구나."

심청이 그 말을 듣고 나더니, 상냥히 웃으면서 대답하되,

"후회를 하시면 정성이 못 되지요. 아버지의 어두우신 눈을 밝아지게 할 수만 있다면 삼백 섬을 아무쪼록 준비해 보지요."

"네 아무리 하자 한들 가난한 우리 형세에 단 백 섬은 할 수 있나?"

"아버지, 그 말 마오. 큰 효성과 어버이를 섬기는 예절이 옛사람만은 못해도 지성이면 감천이라 했으니, 아무 걱정 마시오."

심청이 아버지의 말을 듣고 나자, 그 날부터 뒷마당을 깨끗이 치우고 황토로 단을 모아 두고, 좌우에 금줄을 매고, 정화수 한 동이를 소반 위에 받쳐 놓고, 북두칠성이 이미 기울어진 한밤중에 분향하고 절한 후에 두 무릎을 공손히 꿇고 두 손 모아 비는 말이,

"하늘과 땅과 해와 달과 별이시여! 토지의 신, 성황, 사방지신, 제천 제불, 석가여래, 팔금강보살, 분명하고 밝게 응하여 느끼소서. 하느님이 해와 달을 두신 것은 사람의 눈을 위한 것이어서, 해와 달이 없으면 무슨 분별을 할 수 있겠습니까? 소녀의 아비는 무자생이온데, 이십 후에 눈이 멀어 앞을 못 보시니, 소녀 아비의 허물일랑 이 몸으로 대신하고, 아비 눈을 밝게 하여 천생 연분 짝을 만나 오복을 갖추게 하여 수명과 부귀와 많은 아들을 점지하여 주소서."

밤낮으로 빌었더니, 도화동 심 소저는 천신이 아는지라, 흠향하시고 앞일을 인도하셨다.

어느 날, 유모 귀덕 어미가 오더니,

"아가씨, 이상한 일 보았소."

"무슨 일이 이상하오?"

"어떤 사람인지 십여 명씩 다니면서, 값은 얼마가 되었든지, 열다섯 살 처녀를 사겠다고 하고 다니니, 그런 미친 놈들이 어딨소?"

심청이 마음 속으로 반겨 듣고,

"여보, 그 말이 진정이오. 정말로 그렇게 되기만 한다면, 그 다니는

사람 중에 늙수레하고 점잖은 사람을 불러 오되, 말이 밖으로 새어 나가지 않게 조용히 데려와요."

귀덕 어미가 대답하고 나가더니, 과연 데려왔다. 처음에는 유모를 시켜, 사람을 사려는 내력을 물어 본즉, 그 사람이 대답하기를,

"우리는 원래 서울 사람인데, 장사를 하기 위해서 배를 타고 만 리 밖을 다니고 있습지요. 그런데 배가 가는 길에 인당수라 하는 물이 있는데, 헤아릴 수 없도록 변화가 심해서, 자칫하면 몰살을 당합지요. 하지만 열다섯 살 처녀를 제물로 바치고 제사를 지내면 수로 만 리를 무사히 왕래하고 장사도 잘 되기에, 먹고 사는 것이 원수여서 사람을 사러 다니는 중입지요. 그러니 몸을 팔 처녀가 있으면 값은 얼마든지 주겠소."

심청이 그제서야 나서면서,

"나는 이 마을 사람인데, 우리 부친이 눈이 머시어 세상을 분별하지 못하기로 평생의 한이 되어 하느님 전에 축수했소. 그런데 몽운사 스님이 공양미 삼백 섬을 불전에 시주하면 눈을 떠서 볼 것이라 했소. 하지만 집안이 매우 가난해서 주선할 길이 없기에 내 몸을 팔아서 소원을 이루기 바라니, 나를 사는 게 어떻소. 내 나이가 열다섯 살이니, 적당하지 않소."

뱃사람이 그 말을 듣고 심 소저를 보더니, 마음이 몹시 침통하고 가슴이 막혀서 다시 바라볼 정신이 없어, 고개를 숙이고 묵묵히 서 있다가,

"아가씨 말씀을 들으니, 갸륵한 효성은 비할 데가 없습니다."

이렇게 치하한 후에 자기네 일이 매우 급한지라,

"그리 하오."

허락했다.

"배 떠나는 날은 언제인가요?"

"내달 십오 일이 배 떠나는 날이니, 그리 아시오."

서로 약속을 하고, 그 날 안에 뱃사람들이 공양미 삼백 섬을 몽운사에 보냈다.

심 소저는 귀덕 어미를 백 번이나 단속하여 말을 못 내게 한 다음에 집으로 들어와 아버지에게 말하기를,

"아버지!"

"왜 그러느냐?"

"공양미 삼백 섬을 몽운사로 올렸소."

심 봉사, 깜짝 놀라면서,

"그게 어쩐 말이냐. 삼백 섬이 어디 있어 몽운사로 보냈어?"

심청이 이 같은 효성으로 거짓말을 해서 아버지를 속일 리가 만무하지만, 사정이 어쩔 수 없는지라, 잠깐 속여 말하기를,

"일전에 무릉 마을 장 승상 댁 부인께서 소녀 보고 수양딸 노릇 하라 했으나, 아바지 계시기로 허락하지 않았는데, 사정이 어쩔 수 없어서 이 말씀을 사뢰었더니, 부인이 반겨 듣고 쌀 삼백 섬을 주기에 몽운사로 보내고, 수양딸로 팔려 가기로 했어요."

심 봉사는 무슨 영문인지 알지도 못하고 껄껄껄 웃으면서 좋아한다.

"어허, 그 일 잘 되었다. 언제 데려간다더냐?"

"내달 십오일 날 데려간다 합니다."

"너, 거기 가서 살더라도 나 살기는 괜찮지? 어, 참으로 잘 되었다."

부녀간에 이렇게 문답하고, 부친을 위로한 후, 심청이 그 날부터 뱃사람을 따라갈 일을 곰곰 생각하니, 사람이 세상에 생겨나서 한때를 못 보고 이팔청춘에 죽을 일과, 앞 못 보는 아버지와 영원히 이별하고 죽을 일로 인해서 정신이 아득해져서 일에도 뜻이 없어 식음을 전폐하고 시름없이 지내다가, 다시 생각해 보니, 엉클어진 그물이 되고, 쏘아 놓은 살이구나.

"내 몸이 죽으면 춘하 추동 사시 사철 아버지의 의복 수발을 누가 다 할까. 아직 살아 있을 때 아버지의 사철 의복을 마지막으로 지어 드리자."

하고, 춘추 의복과 하동 의복을 꼭꼭 싸서 농 속에 넣고, 갓 망건도 새로 사서 걸어 두고, 배 떠날 날을 기다릴 때 하룻밤이 남았다.

밤은 점점 삼경*인데, 은하수는 기울어져 촛불이 희미할 제, 두 무릎을 쪼그리고 아무리 생각한들 마음과 몸을 가누기가 어려웠다. 아버지의 벗어 놓은 버선볼이나 마지막으로 지으려고 바늘에 실을 꿰어 손에 들고 있으나, 하염없는 눈물이 간장에서 솟아올라, 자꾸만 목이 메어 아버지의 귀에 들리지 않게 속으로 흐느껴 울면서 아버지의 낯에 얼굴도 가만히 대어 보고 손발도 만져 보면서,

"오늘 밤 모시면 다시는 못 볼 테지. 내가 한 번 죽으면 손발을 잘린 듯한 우리 아버지는 누구를 믿고 사실까? 애닯구나, 우리 아버지. 내가 철을 안 후에 밥 빌기를 했더니, 이제 내 몸 죽게 되면 춘하 추동 사시절을 마을 거지 되겠구나. 눈총인들 오죽할까. 아버지를 내가 모시고 백 세까지 공양하다가 이별을 당해도 망극한 이 설움이 헤아릴 수 없을 것이어늘, 하물며 생이별이 고금 천지 간에 또 있을까? 우리 아버지가 곤궁한 신세로 의지할 데 없이 홀로 살자 한들 아침저녁 공양은 누가 하며, 고생하다 돌아가시면 또 어느 자식이 있어 머리 풀고 애통해하며, 장례와 소상과 대상이며 해마다 돌아오는 제사에 밥한 그릇, 물 한 그릇은 누가 차려 놓을까? 몹쓸 년의 팔자로구나. 이레 안에 어미 잃고 아버지마저 이별하니, 이런 일도 또 있는가? 우리 부녀 된 이 이별은 내가 영영 죽어 가니, 어느 때 만나 볼까? 돌아가신 우리 어머니는 황천으로 들어가고, 나는 인제 죽게 되면 수궁으로

---

* 삼경(三更) 밤 11시부터 오전 1시까지의 시간.

갈 터이니, 수궁에 들어가서 모녀가 상봉을 하자 한들 황천과 수궁길이 수륙이 멀리 떨어져 있으니, 만나 볼 수 전혀 없네. 수궁에서 황천 가기가 몇천 리나 멀다는지. 황천을 묻고 물어 불원천리하고 찾아간들 어머니가 나를 어찌 알며, 나는 어머니를 어찌 알 것인가? 만일 알고 뵙는 날, 아버지 소식을 물으면 무슨 말로 대답할 것인가? 밤이 가고 해 돋는 일을 그 누가 막을 것인가?"

천지가 사정 없어서 이윽고 닭이 우니, 심청이 기가 막혀,

"닭아, 닭아, 울지 마라. 네가 울면 날이 새고, 날이 새면 나 죽는다. 나 죽기는 슬프지 않으나 의지할 곳 없는 우리 부친 어찌 잊고 간단 말이냐."

밤새도록 섧게 울고 동쪽이 밝아 오자, 아버지 진지 지으려고 문을 열고 나서 보니, 벌써 뱃사공들이 사립문 밖에 와서 머칫머칫 망설이면서,

"오늘 배 떠나는 날이니, 얼른 가게 하시오."

심청이가 그 말을 듣고 대번에 두 눈에서 눈물이 빙빙 돌고 목이 메어, 사립문 밖으로 나가서,

"여보시오, 선인네들, 오늘 가는 줄은 내가 이미 알고 있소. 하지만 우리 부친이 모르고 계시니, 잠깐 기다리시면 불쌍하신 우리 부친께 진지나 해서 상을 올려 잡순 후에 말씀 여쭙고 떠나게 하시오."

뱃사람이 가엾고 불쌍한 생각이 들어,

"그리 하오."

허락했다.

심청이 들어와서 눈물 섞어 밥을 지어 부친 앞에 상을 올리고, 아무쪼록 진지 많이 잡숫도록 하느라고 상머리에 마주 앉아 자반도 뚝뚝 떼어 수저 위에 올려 놓고, 쌈도 싸서 입에 넣어 주며,

"아버지, 진지 많이 잡수시오."

"오냐, 많이 먹으마. 오늘은 반찬이 매우 좋구나. 뉘 집 제사 지냈느냐."

심청이는 기가 막혀 속으로만 느껴 울며 훌쩍훌쩍 소리 내니, 심 봉사는 영문도 모르고 귀 밝은 체 말을 한다.

"아가, 네 몸이 아프냐. 감기가 들었나 보구나. 오늘이 며칠이냐. 오늘이 열닷새지, 응……."

부녀간의 천륜이 중하거늘, 어찌 꿈이 없겠는가? 심 봉사가 간밤의 꿈 얘기를 하는데,

"간밤에 꿈을 꾸었는데, 네가 큰 수레를 타고 한없이 가 보이더구나. 수레라 하는 것은 귀한 사람이 타는 것이니까? 아마도 오늘 무릉 마을 승상 댁에서 너를 가마에 태워 가려나 보다."

심청이 들어 보니, 분명히 자기 죽을 꿈이었다. 속으로 슬픈 생각을 하나, 겉으로는 아무쪼록 부친이 안심하도록,

"그 꿈이 매우 좋네요."

대답하고, 진짓상을 물려 냈다. 심청은 담배에 불을 붙여 아버지 입에 물린 후, 사당에 하직 인사를 하려고 세수를 깨끗이 하고 눈물 흔적을 없앤 다음, 깨끗한 옷으로 갈아 입고 후원에 돌아가서, 사당문 가만히 열고 술과 과실을 차려 놓고 통곡하며 절한 후 하직할 때,

"불효 여식 심청이는 부친 눈을 띄우려고 남경 장사 선인들에게 삼백 섬에 몸이 팔려 인당수로 돌아가니, 소녀가 죽더라도 부친의 눈 떠져서 착한 부인 만나 아들 낳고 딸을 낳아 언제나 한결같이 제사가 이어지게 하소서."

이렇게 축원하고 문을 닫고 울면서 하는 말이,

"소녀가 죽으면 이 문을 누가 여닫으며, 동지, 한식, 단오, 추석 사명절이 온들 술, 과실, 포, 식혜를 누가 다시 올리며, 분향 재배는 누가 할까? 조상의 복이 없어 이 지경이 되었는지, 불쌍한 우리 부친에게

가까운 일가 친척이 없고, 앞 못 보고 형제 없어 믿을 곳이 없게 되니, 어찌 잊고 돌아갈까?"

우루루 나오더니, 자기 부친 앞으로 가서 털썩 주저앉아,

"아버지!"

하고 부르더니 말 못 하고 기절한다.

심 봉사 깜짝 놀라,

"아가, 웬일이냐. 봉사의 딸이라고 누가 흉을 보며 멸시하더냐. 이것이 속이 뒤집어졌구나! 어쩐 일이냐? 말 좀 해라."

심청이 정신을 차려,

"아버지……."

"오냐."

"저가 불효한 딸자식이어서 아버지를 속였어요. 공양미 삼백 섬을 누가 저에게 주겠어요. 남경 장사 선인들한테 삼백 섬에 몸이 팔려, 인당수 제물로 가기로 했는데, 오늘이 배 떠날 날이어요. 그러니 저를 오늘 마지막으로 보세요."

사람이 슬픔이 극에 이르면 도리어 가슴이 막히는 법이다. 심 봉사는 하도 기가 막혀서 울음도 안 나오고 실성을 하는데,

"애고, 이게 웬일이냐! 응, 참말이냐 농담이냐. 말 같지 않다. 나보고 묻지도 않고 마음대로 한단 말이냐. 네가 살고 내가 눈 뜨면 그것은 응당 좋으려니와, 네가 죽고 내 눈 뜨면 그게 무슨 말이 되겠느냐? 너의 모친 너를 난 지 이레 만에 죽은 후에 눈조차 어두운 놈이 품 안에 너를 안고 이 집 저 집 다니면서 동냥젖을 얻어먹여 그만큼이나 자랐기로 한시름 잊었더니, 네 이게 웬말이냐. 눈을 팔아 너를 살지언정, 너를 팔아 눈을 산들 그 눈 떠서 무엇하랴. 무슨 놈의 팔자가 아내 죽고 자식까지 잃는단 말이냐? 네, 이 뱃놈들아! 장사도 좋지만, 사람 사다가 제물로 넣는 걸 어디서 보았느냐. 하느님의 어지심

과 귀신의 밝은 마음의 앙화가 없겠느냐. 눈 먼 놈의 무남독녀, 철 모르는 어린것을 나 모르게 유인해서 산단 말이 웬 말이냐. 쌀도 싫고 돈도 싫고 눈 뜨기도 다 싫다. 네, 이 독한 상놈들아! 차라리 내 몸으로 대신 가면 어떻겠느냐? 너희 놈들, 나 죽여라. 평생에 맺힌 마음은 죽는 게 소원이구나. 나 죽는다! 지금 내가 죽으면 네 놈들이 무사하겠느냐? 무지한 강도놈들아! 산 사람을 죽이면 처벌받을 게다."

홀로 자신 있게 이를 갈면서 죽을 각오로 말을 하자, 심청이는 부친을 붙들고,

"아버지, 이 일은 남의 탓이 아니니 그러지 마세요."

부녀가 서로 붙들고 뒹굴면서 통곡하자, 도화동의 남녀 노소로서 그 누가 슬퍼하지 않겠는가? 선인들도 모두 다 울었다. 그 중 한 사람이 의견을 내놓기를,

"여보쇼, 영감, 효성이 지극한 심 소저는 말할 것도 없거니와, 심 봉사 저 양반이 불쌍하니, 우리 선인 서른 명이 힘을 모아서 저 양반이 평생토록 굶지 않게 해 줍시다."

하자, 모두들 그 말이 옳다고 찬성하고, 돈 삼백 냥, 쌀 백 섬, 흰 무명과 삼베를 각각 한 바리씩 동네에 들여다 놓고는,

"삼백 냥은 논을 사서 착실한 사람에게 주어 도지로 주기로 작정하고, 쌀 중에서 열닷 섬은 금년 양식으로 쓰고, 나머지 팔십여 석은 해마다 계속해서 내놓아 장리를 받아들이면 양식 쌀이 넉넉할 것이니, 그렇게 하시고, 흰 무명과 삼베 각 한 바리는 사철의 옷을 짓게 하시오."

동네 사람들이 의논하여 그렇게 하기로 하고, 그 까닭이 밝혀진 공문을 발표하여 동네 사람들이 다 같이 구별해서 처리했다.

그 때, 무릉 마을의 장 승상 부인은 심청이 몸을 팔아 인당수로 간다는 말을 그제서야 듣고 몸종을 불러,

"듣자 하니, 심청이가 죽으러 간다고 하는데, 생전에 건너와서 나를 보고 가라고 전하고, 급히 데리고 오너라."

몸종이 분부를 받고, 심청을 찾아와서 그 연유를 말하자, 심청이는 몸종과 함께 무릉 마을로 건너갔다. 승상 부인은 밖에 나와 있다가 심청의 손을 잡고 눈물을 지으면서 말하기를,

"너, 이 무정한 사람아. 내가 너를 안 이후로 자식으로 여겼는데, 너는 나를 잊었느냐? 내가 말을 들어 보니, 부친의 눈을 띄우려고 선인에게 몸을 팔아 죽으러 간다 하던데, 효성은 지극하나 네가 죽어서야 되겠느냐. 그런 처지가 될 것 같거든 나한테 건너와서 그 까닭을 말했더라면 이 지경에 이르지는 않았을 것을, 어찌 그리 함부로 행동했느냐?"

손을 끌고 들어가서 심청을 앉힌 후에,

"쌀 삼백 섬을 줄 테니, 선인을 불러 도로 갚아 주고, 그런 못된 생각은 하지 마라."

심청이 그 말을 듣고 한참 생각하다가 말하기를,

"당초에 말씀을 드리지 못한 것을 후회한들 무엇하며, 또 한 몸이 부친을 위해서 정성을 다하자고 남의 명분 없는 재물을 바라겠습니까? 쌀 삼백 섬을 도로 내준다고 한들 선인들도 낭패할 것 같아 그렇게 하기 어렵고, 사람이 남에게 한 몸을 허락하여 값을 받고 팔렸는데, 몇 달이 지난 후에 차마 뭐라고 말하며, 얼굴을 들고 마주 대할 수 있겠습니까? 늙은 아버지를 두고 죽는 것이 효로써 효를 상하게 하는 일인 줄을 모르는 바는 아니지만, 천명이니 어찌할 수 없습니다. 부인의 높은 은혜와 어질고 착한 말씀은 죽어서 황천에 돌아가서 결초보은하겠습니다."

승상 부인이 놀라면서 심청을 살펴보니, 얼굴빛이 엄숙하여 다시는 더 권하지 못하고, 차마 손을 놓기가 안타까워 통곡하면서 말하기를,

"내가 너를 본 후에는 내 친자식처럼 정을 두어, 한 시각이라도 못 보면 한이 되고, 그리워지는 마음을 참지 못했는데, 당장에 죽으러 가는 것을 차마 보고만 있을 수는 없다. 네가 잠시만 기다려 주면 네 얼굴과 네 태도를 화공으로 하여금 그리게 해서 평생토록 두고 볼 것이니, 조금만 머물러 있거라."

몸종을 급히 불러 화공을 불러들여 승상 부인이 분부하기를,

"여봐라, 정신 들여 심 소저의 얼굴과 체격과 위아래 옷 입은 모습과 수심 겨워하는 모습을 틀림없게 잘 그리면 큰 상을 줄 테니, 정신들여 그려라."

족자를 내놓자, 화공은 분부를 듣고 족자에 바람을 쐬고 햇볕에 말리더니, 버드나무숯을 손에 들고 심 소저를 바라본 후 이리저리 그린 다음, 오색 화필을 좌르륵 펼쳐 각색 단청을 벌여 놓고 난초처럼 푸른 머리며 백옥 같은 수심 얼굴 눈물 흔적 완연하고 가는 머리 고운 손발이 분명한 심 소저였다. 훨훨 떨어 놓으니까 심 소저가 둘이 된다.

부인이 일어나서 오른손으로 심청의 목을 안고, 왼손으로 화상을 어루만지면서 통곡하여 슬피 울자, 심청이 말하기를,

"틀림없이 부인께서는 전생의 내 부모이십니다. 오늘 물러가면 어느 날에 모실 수 있겠습니까? 소녀의 한 가닥 수심을 글 한 수로 지어 내어 부인 전에 올리겠으니, 걸어 두고 보시면 어떤 증험이 있을 것입니다."

주인이 반가이 여겨 붓과 벼루를 내어 놓자, 화상 족자 위에 화제* 글 모양으로 붓을 들고 글을 쓸 때, 눈물이 피가 되어 점점이 떨어지자, 송이송이 꽃이 되어 향내가 나는 듯했다.

글의 내용은 이러한 것이었다.

---

* 화제(畵題) 그림 위에 쓰는 시문.

'인생이란 한바탕의 꿈을 꾸는 사이에 죽음으로 돌아가는 것이거늘, 정 때문에 어찌 눈물만 흘릴 것인가? 세상에서 가장 창자를 끊어지게 하는 것은, 강남의 풀이 푸르러도 임이 돌아오지 않음이라.'

부인이 보고 놀라면서,

"네 글이 진실로 신선의 글귀로구나. 이번에 네가 가는 길은 네 마음이 아니라, 아마도 하늘에서 너를 불렀기 때문일 것이다."

부인이 또한 두루마리 한 축을 끊어 내어 얼른 써서 심청에게 주었는데, 그 글에는 이렇게 씌어 었었다.

'까닭 없이 비바람은 몰아쳐서 이름난 꽃을 바다의 문에 떨어뜨리는구나. 귀양 와서 사는 이를 하늘은 틀림없이 내려다볼 것인데, 죄없는 부녀간의 정과 은혜를 끊어 버리는고.'

심 소저는 그 글을 받아 단단히 간수하고 눈물로 이별을 할 때, 무릉 마을의 남녀 노소 중에 누가 통곡하지 않겠는가?

심청이 건너오자, 심 봉사는 달려들어 심청의 목을 안고 통곡했다.

"나도 가자. 나도 가자. 혼자 가진 못한다. 죽어도 같이 죽고, 살아도 같이 살자. 나 버리고는 못 간다. 고기밥이 되어도 나와 너는 같이 되자."

심청이 울면서,

"우리 부녀의 천륜을 끊고 싶어 끊으며, 죽고 싶어 죽겠습니까? 하지만 재앙은 운수에 달려 있고, 죽고 사는 것은 한이 있는 것입니다. 사람의 자식으로서의 정을 생각하면 떠날 날이 없습니다. 이것은 하늘이 정하신 운명이니 어쩔 수 없습니다. 불효 여식 심청이는 생각지 마시고, 아버지는 눈을 떠서 광명한 천지를 다시 보고, 착한 사람을 만나 아들 낳고 딸을 낳아 대가 이어지게 하십시오."

심 봉사, 펄쩍 뛰면서,

"애고애고, 그 말 마라. 처자 있을 팔자 되면 이런 일이 있겠느냐? 나

버리고는 못 간다."

심청이 저의 부친을 마을 사람들더러 붙들어 앉혀 놓게 해 놓고 울면서 말하기를,

"마을 남녀 어른들, 의지할 데 없는 외로운 우리 부친을 남겨 두고 죽으러 가는 몸이 마을 어른들만 믿사오니, 깊이 생각해 주소서."

하직하고 돌아오니, 마을 남녀 노소 없이 발을 구르면서 통곡했다. 심청이 울면서 뱃사람들을 따라갈 때, 끌리는 치맛자락을 거듬거듬 안고 있고, 쑥밭처럼 흐트러진 머리는 귀 밑에 내려와 드리웠으며, 피처럼 흐르는 눈물은 옷깃에 사무친다. 정신없이 나가며 건넛집 바라보면서,

"김 동지 댁 큰아기, 너와 나는 동갑으로서, 담을 사이에 두고 서로 크면서 형제같이 정을 두어 백 년이 다하도록 인간 고락 사는 재미를 함께 보자 했더니, 나는 이렇게 떠나가니, 그것도 또한 한이로구나. 천명이 그것뿐이어서 나는 이제 죽는다만, 의지 없는 우리 부친께서 애통해하시다가 몸이 상하실까 걱정이구나. 나 죽은 후에 수궁 원혼 되겠으니, 네가 나를 생각커든 나의 부친을 극진히 대우해 다오. 앞집 작은아기야, 너는 상침질과 수놓기를 누구와 함께 하려느냐? 작년 오월 단옷날 밤에 그네 타고 놀던 일을 네가 지금도 생각하느냐? 금년 칠월 칠석날 밤에 함께 견우와 직녀에게 빌자고 했는데, 이제는 허사로구나. 나는 이젠 부친을 위해서 영원히 이별하고 간다만, 네가 나를 생각커든 불쌍한 우리 부친이 나를 부르고 애통해하거든 네가 와서 위로해라. 너와 내가 사귄 정으로 보아, 네 부모가 내 부모요, 내 부모가 네 부모다. 우리가 생전에 있을 때는 별로 혐의가 없었으나, 우리 부친이 죽은 후에 저승으로 들어오면서 부녀가 상봉하는 날에 네 정성을 내가 알 것이다."

이렇듯이 하고 하직할 때, 하느님이 아셨든지, 밝은 해는 어디 가고,

흐린 구름이 자욱하다. 이따금 빗방울이 눈물처럼 떨어지고 휘늘어져서 곱던 꽃이 이울어지려고 빛이 없다.

청산에 서 있는 초목도 근심하는 기색을 띠고 있으며, 맑고 푸른 물에 드리워진 버들은 근심을 돕는 듯하다. 우는 저 꾀꼬리야, 너는 무슨 회포가 있느냐. 너의 깊은 한을 내가 알지는 못해도 통곡하는 내 심사를 네가 혹시 짐작하느냐?

뜻밖에 저 두견이, 너는 달이 환하게 뜬 청산을 어디 두고, 정을 다해서 애끊는 소리를 울어 보내는 일을 어째서 사겠다고 말하느냐? 네 아무리 가지 위에서 불여귀라고 울지만, 값을 받고 팔린 몸이 다시 어찌 돌아오겠느냐. 바람에 날린 꽃이 낯에 와서 부딪히자, 꽃을 들고 바라보며, 봄바람이 사람의 마음을 모른다면 무슨 까닭에 지는 꽃을 불어 보내는가?

봄 산에 지는 꽃이 지고 싶어 지랴만, 바람에 떨어지니, 네 마음이 아니리라. 젊고 혈색은 좋으나 운명이 기박한 나의 신세는 저 꽃과 같기에, 죽고 싶어 죽으랴만, 처지가 어쩔 수 없으니, 누구를 원망하며 누구를 탓할 것은 없다.

한 걸음에 눈물을 흘리고, 두 걸음에 돌아보며 곧 떠나가니, 운명의 풍파가 이로부터 위험해지기 시작했다. 강가에 다다르니, 선인들이 모여들어 뱃머리에 널조각을 늘어놓고 심 소저를 모셔 올려 빗장 안에 앉힌 후에, 닻 감고 돛을 달아 소리를 치면서 북을 둥둥 울리며 지향없이 떠나간다.

저 바다 가운데로 떠나갈 때, 망망한 푸른 바다에는 끝없이 수많은 물결이 일어난다. 흰 마름꽃이 피어 있는 물가의 갈매기는 붉은 여뀌꽃이 피어 있는 언덕으로 날아들고, 기러기는 모래펄로 떨어진다. 멀리서 들려 오는 맑은 소리는 어부가 부는 피리 소리인 듯하건마는, 노랫소리가 끝나자 사람은 안 보이고 버들잎만 푸르러 있다. 노질하는 소리 속에 서려 있는 만고의 수심이라는 말은 나를 두고 한 말이다.

심청이 배 안에서 소상 팔경(중국 소상 지방에 있는 여덟 가지 아름다운 경치)을 다 돌아본 후에 한 곳으로 가자, 향기로운 바람이 일어나고 옥패 소리가 들리더니, 어렴풋한 발 사이로 어떤 두 부인이 선관을 높이 쓰고, 자줏빛 구름 기운이 감도는 치마를 걷어안고 뚜렷이 나오더니,

"저기 가는 심 소저야, 천추의 깊은 한을 하소연할 길이 없었는데, 네 효성이 지극하기에 너에게 말하겠다. 바닷길 만 리를 조심해서 다녀오너라."

하고 홀연히 간 곳이 없다.

한 곳에 이르러 닻을 주고 돛을 지우니, 여기가 곧 인당수였다.

바람이 요란하게 불어 바다가 뒤집히는데, 고기와 용이 싸우는 듯, 큰 바다 한가운데에서 돛도 잃고 닻도 끊어져, 노도 잃고 키도 빠져 바람이 불고 물결이 쳐서 안개가 뒤섞여 잦아지는 날, 갈 길은 천 리나 만 리나 남고, 사면이 검고 어둑어둑 저물어 천지가 막막한데, 산 같은 파도가 뱃전을 땅땅 쳐서 삽시간에 위태해지자, 도사공 이하가 당황하고 크게 놀라서 혼비 백산한 채 고사의 절차를 차렸다.

섬쌀로 밥을 짓고, 큰 돼지를 잡아 큰 칼을 꽂은 다음 깨끗이 받쳐 놓고, 세 가지 과일, 큰 소 잡고, 동이 술을 사방에 차려서 갈라 놓고, 심청을 목욕시켜 옷을 깨끗이 입혀 뱃머리에 앉힌 다음, 도사공이 고사를 올릴 때, 북채를 갈라 쥐고 북을 둥둥 둥둥 두리둥둥 울리면서,

"우리 동무 스물네 명은 장사로 생업을 삼아 열다섯 살에 배를 타고, 여러 해 동안 서남쪽을 떠돌아다녔는데, 오늘날 인당수에 제수를 올리오니, 모든 신은 제수를 드시고 다 같이 굽어 살피신 후, 바람의 신으로 하여금 바람을 주게 하고, 바다의 신으로 인도하여 나에게 소망을 이뤄 주옵소서. 고수레 둥둥."

빌기를 마친 후 심청을 물에 들어가라고 선인들이 재촉하자, 심청의

거동 좀 보자. 뱃머리에 우뚝 서서 두 손을 모아 합장하고 하느님 전에 비는 말이,

　"비나이다, 비나이다. 심청이 죽는 일은 조금도 슬프지 않사오나, 눈 먼 우리 부친의 천지에 깊은 한을 생전에 풀고자 죽음을 당하오니, 하느님께서 감동하사 우리 부친 어두운 눈을 불원간 밝아지게 하여 광명한 천지를 보게 하옵소서."

　뒤로 펄쩍 주저앉아 도화동 쪽으로 돌아앉더니,

　"아버지, 나 죽소. 어서 눈을 뜨옵소서."

　손을 짚고 일어서서 선인들에게 말하기를,

　"여러 선인 장사꾼님네, 평안히 가시고, 억십만 금 이익을 얻어 이 물 가를 지나거든 나의 혼백 넋을 불러, 객지에서 죽은 혼을 면하게 해 주오."

　광채 있는 눈을 감고 치마폭을 뒤집어쓴 채 이리저리 뱃머리로 와락 나아가서 물 속에 풍덩 빠지니, 물은 인당수요, 사람은 심 봉사의 딸 심 청이었다. 인당수의 깊은 물에 힘없이 떨어진 꽃은 물고기의 밥이 되었 단 말인가?

　그 배의 영좌는 기가 막혀,

　"아차차, 불쌍하다!"

　영좌가 엎어져 통곡하면서,

　"타고난 효녀 심 소저는 아깝고 불쌍하다. 부모 형제 죽었다 한들 이 보다 더하랴."

　이 때, 무릉 마을 장 승상 부인은 심 소저를 이별하고 안타까운 마음 을 이기지 못해서, 심 소저의 화상 족자를 벽에 걸어 두고 날마다 지켜 보고 있었는데, 하루는 족자 빛이 검어지면서 화상에서 물이 흐르는 것 을 보자 부인이 깜짝 놀라 말하기를,

　"이젠 죽었구나!"

슬픔을 견딜 수 없어서 간장이 끊어지는 듯하고 가슴이 터지는 듯해서 기가 막혀 울고 있을 때, 이윽고 족자 빛이 완연히 새로워지자, 이상하게 여기면서,

"누가 건져 살려 내어 목숨이 살아난 걸까? 만 리나 떨어진 푸른 바다의 소식을 어떻게 알 수 있을 것인가?"

그 날 밤 삼경 초에 제물을 갖추어 몸종으로 하여금 들게 하고, 강가로 나아가서 백사장 깨끗한 곳에 술, 과일, 포를 차려 놓고 승상 부인이 축문을 큰 소리로 읽어 심 소저의 혼을 불러 위로하면서 제를 지낸다. 강촌에 밤이 들어 사방이 고요할 적에,

"심 소저야, 심 소저야. 아깝구나, 심 소저야. 눈먼 너의 부친 어두운 눈을 띄우려고 평생의 한이 되어서, 지극한 네 효성이 죽기로써 갚으려고 한 가닥 남은 목숨을 스스로 판단하여 물에 빠져 죽으니, 가련하고 불쌍하구나. 하느님이 어찌하여 너를 내고 죽게 하며, 귀신이 어찌하여 죽는 너를 못 살리나? 네가 나지 말았거나, 내가 너를 몰랐거나, 살아서 이별하고 죽어서 이별이 어찌 된 일인가. 그믐이 되기 전에 달이 먼저 기울었고, 늦봄이 되기 전에 꽃이 먼저 떨어지니, 오동에 걸린 달은 뚜렷한 네 얼굴이 분명히 다시 온 듯, 이슬에 젖은 꽃은 천연한 네 태도가 눈앞에 내리는 듯, 대들보에 앉은 제비는 아름다운 너의 소리로 무슨 말을 하소연할 듯, 두 귀 밑의 솜털은 이 일로 인하여 희어지고, 인간 세계에 남은 해는 너로 인하여 재촉하니, 끝없는 나의 수심을 너는 죽어 모르건만, 나는 살아 고생이구나. 한 잔 술로 위로하니, 아득히 먼 곳에 있는 향기로운 혼은 아아 슬프구나! 바라옵건대 귀신이여, 제물을 잡수십시오."

제문을 읽고 분향할 때, 하늘이 나직하니 제문을 들으신 듯, 강 위의 잦은 안개에 아름다운 구름이 어리는 듯, 물결이 잔잔하니 물고기와 용이 느꺼워하는 듯, 청산이 슬쓸하니 짐승과 새가 설워하는 듯하고, 가

까운 모래펄에서 잠자던 갈매기는 놀라서 깨어나 머리를 들고, 등불을 단 어선들은 가는 길에 머무른다.

부인이 눈을 씻고 제물을 물에 풀어 놓을 때, 술잔이 옆으로 흔들렸으니 소저의 혼이 온 듯하다. 부인이 한없이 서러워서 집으로 돌아와서, 그 이튿날 재물을 많이 들여 물가에 높이 모아 대를 지어 놓고 매월 삭망*에 삼 년 동안 제를 지낼 때, 때가 없이 부인께서 대에 올라앉아 심 소저를 생각했다.

그 때, 심 봉사는 무남독녀 심청을 잃고, 모진 목숨 죽지 않고 근근히 부지하고 있을 때, 도화동 사람들이 심 소저의 지극한 효성으로 물에 빠져 죽은 일을 불쌍히 여겨 대 옆에 따로 비를 세우고 글을 새겼다.

> 아버지의 두 먼 눈을 띄워 주려고
> 지극한 효성을 바쳐 용궁으로 돌아갔도다.
> 뿌연 안개는 만 리에 끼여 깊고 푸른데
> 강가의 풀은 해마다 푸르러 한스럽기 짝이 없구나.

강가에 세워 놓자, 오가는 사람들이 그 비문을 보고 눈물을 흘리지 않는 이가 없었다. 무릇 이 세상처럼 억울하고 고르지 못한 세상은 없다. 가난하고 약한 사람은 그 부모가 낳은 몸과 하늘이 주신 귀중한 목숨도 보전하지 못하고, 심청 같은 천성적으로 타고난 효녀가 필경에는 인당수 물에 가련한 몸을 빠뜨렸구나.

그러나 그 빠진 곳은 이 세상을 이별하고 간 하늘의 상계이기에 하느님의 능력이 한없이 큰 세상이다. 이욕에 눈이 어두운 세상 사람은 심청을 도와 주지 못했지만, 인당수 물귀신이야 어찌 심청을 모르겠는가?

---

* 삭망(朔望) 음력 초하룻날과 보름날.

그 때, 옥황상제께서 사해 용왕에게 분부하기를,

"내일 오시*에 인당수 바다 속에 지극한 효녀 심청이가 물에 빠져 죽을 것이니, 그대들은 기다리고 있다가 수정궁으로 맞아들이고, 다시 명령을 기다려 도로 인간 세상으로 내보내되, 만일 시각을 어겼다가는 사해 수궁의 여러 신이 죄를 면치 못할 것이다."

분부가 매우 엄격하시므로, 사해의 용왕이 겁을 먹고 얼떨떨한 표정을 짓고는, 원참군 별주부와 백만 철갑 제장이며 무수한 시녀들로 하여 금 백옥 가마를 준비해 놓고 그 시각을 기다리고 있을 때, 과연 오시가 되자, 백옥 같은 한 소저가 바다 위에 떨어졌다.

여러 선녀가 옹위하여 심 소저를 고이 모셔다가 가마에 앉히자, 심 소저는 정신을 차려 사양하면서 말하기를,

"나는 속세의 천한 사람인데, 어찌 용궁의 가마에 앉겠습니까?"

여러 선녀가 말하기를,

"상제의 분부가 계셨습니다. 만일 지체하시면 사해 수궁에 큰일이 날 것이니, 지체 말고 타십시오."

심청이 사양하다 못 해 가마에 앉아, 여러 선녀가 옹위하여 수정궁으로 들어가니, 위의가 장하기도 했다. 수정궁에 들어가니, 집 치레가 황홀하다.

심 소저가 수정궁에 머물고 있는데, 하루는 하늘의 옥진 부인이 오신다고 했다.

심 소저는 그가 누구인 줄 모르고 일어나서 바라보니, 오색 구름이 푸른 하늘에 어렸는데, 아름다운 풍악이 궁중에 가득했다. 오른쪽에는 계수나무꽃이요, 왼쪽에는 복사꽃이 있는데, 청학과 백학이 옹위하고, 공작은 춤을 추고, 뭄종이 앞을 인도하고, 천상 선녀가 앞을 서고 용궁

---

* 오시(午時) 오전 11시부터 오후 1시까지의 시간.

선녀가 뒤를 서서 엄숙하게 내려오니, 세상에 처음 보는 광경이었다. 이윽고 내려와서 가마가 있는 쪽으로 옥진 부인이 들어오면서,

"청아, 너의 어미가 왔다."

심 소저가 고개를 들어 바라보니, 모친이 오신 줄을 알고, 심청이 반가운 나머지 펄쩍 내려와서,

"어머니!"

달려들어 모친 목을 덥석 안고 한편으로는 기뻐하고 한편으로는 슬퍼하면서 말하기를,

"소녀 몸이 부친 덕에 죽지 않고, 열다섯 살 이르도록 모녀간의 얼굴을 모르기에 평생의 한이 맺혀 잊을 날이 없었습니다. 그런데 오늘 모시게 되니, 나는 한이 없지만, 외로운 아버지는 누구를 보고 반기실까요?"

새롭고 반가운 정과 감격하여 다급해진 마음을 어쩔 줄을 모르다가, 모시고 누에 올라가 모친 품에 싸여 앉아, 얼굴도 대어 보고, 손발도 만지면서 젖도 이젠 먹어 보자, 반갑고도 즐거워라. 이처럼 즐거하면서 울음을 터뜨리자, 부인도 슬퍼하고 등을 뚝뚝 두드리면서,

"울지 마라, 내 딸아. 내가 너를 난 후에 상제의 분부가 급하여 세상을 잊었으나, 눈이 어두운 너의 부친이 고생하면서 사실 것을 생각하면 생각할수록 기가 막히던 중, 이슬 같은 네 목숨을 더욱더 어찌 믿었겠느냐. 하느님이 도와 주셔서 네가 이젠 살았구나. 안아 볼까? 업어 볼까? 귀여워라, 내 딸아. 얼굴 모습이나 웃는 모양이 너의 부친 흡사하고, 손길, 발길, 고운 것이 어찌 그리 나 같으냐? 어려서 크던 일을 네가 어찌 알랴마는, 이 집 저 집 여러 사람 동냥젖을 먹고 크니, 그 동안 너의 부친 그 고생을 알 것 같다. 너의 부친 고생하고 많이 늙으셨지. 뒷마을 귀덕 어미네가 정이 매우 극진했는데, 지금까지 살았느냐."

심청이 말하기를,

"아버지한테서 들었습니다만, 고생하고 지낸 일을 어찌 감히 잊겠어요."

부친이 고생하던 말과, 일곱 살에 제가 나서서 밥을 빌어 아버지를 봉양한 일, 바느질을 해서 살던 말과, 승상 부인이 저를 불러 모녀의를 맺은 후에 은혜가 태산 같은 일과, 뱃사공을 따라오려고 할 때 화상 족자를 만들던 말과, 귀덕 어미 은혜가 크다는 말을 낱낱이 하고 나니, 그 말을 듣고 옥진 부인은 승상 부인을 치하했다.

그럭저럭 여러 날을 수정궁에서 머물고 있는데, 하루는 옥진 부인이 심청더러,

"모녀간의 반가운 마음은 그지없다만, 옥황상제의 처분으로 맡은 직분이 많아서 오래 머물러 있을 수가 없구나. 오늘 너를 이별하고, 너의 부친 만날 줄을 너야 어찌 알겠느냐마는, 훗날 서로 반길 때가 있을 것이다."

작별하고 일어나니, 심청이 기가 막혀,

"아이고, 어머니! 소녀는 오래 모실 줄 알았는데, 이별한단 말이 웬 말이오!"

아무리 애걸한들 마음대로 할 수 없는 일이었다. 옥진 부인이 일어서서 손을 잡고 작별하더니, 언뜻 보이다가 홀연히 사라져서 올라가자, 심청은 하릴없이 눈물로 하직하고 수정궁에 머물러 있었다.

심 소저의 지극한 효성을 옥황상제께서 심히 갸륵히 여기시고, 수정궁에 오래 둘 수도 없어서, 사해 용왕에게 다시 명령을 내리시어, 효녀 심 소저를 연꽃 봉오리 속에 아무쪼록 고이 모셔, 오던 길 인당수로 도로 내보내라고 이르시자, 용왕이 명령을 듣고 연꽃 봉오리 속에 심 소저를 고이 모셔 인당수로 환송하므로, 사해 용왕, 각궁 시녀, 팔선녀를 차례로 하직하는데,

"심 소저는 갸륵한 효성으로 세상에 나아가서 부귀 영화를 만세나 누리소서."

심 소저가 대답하기를,

"죽은 몸이 다시 살아 여러 왕의 은혜를 입어 세상에 다시 가니, 수궁의 귀중한 몸이 내내 안녕하시기 바랍니다."

한두 마디 말을 하는데, 홀연히 사라져서 자취가 없다.

연꽃 봉오리 속의 심 소저가 어디로 갈지 모르다가 수정궁 밖으로 떠나갈 때, 하늘은 맑게 개고 바다는 잔잔한데, 봄철의 해당화는 바다 속에 피어 있고, 동쪽 바람에 푸른 버들은 바닷가에 드리웠는데, 고기 잡는 저 어부는 시름없이 앉았구나.

한 곳에 다다르니, 햇빛이 맑고 밝으며 사면이 드넓다. 심청이 정신을 차려 살펴보니, 용궁 가던 인당수였다. 슬프다. 이 또한 꿈 속이 아닌가.

그 때, 남경으로 장사하러 갔던 선인들이 심 소저를 제물로 바친 후 그 장사를 해서 이익을 남겨 돛대 끝에 큰 기를 꽂고, 웃음으로 이야기하면서 춤추고 돌아오다가 인당수에 이르러 큰 소를 잡고 동이 술과 갖가지 과실을 차려 놓고 북을 치면서 제사를 지낸다. 두리 둥둥 북을 그치더니, 도사공이 심 소저의 명을 쳐들어 큰 소리로 부른다.

"지극한 효녀 심 소저가 바다 속의 외로운 혼이 되었으니, 애닯고 불쌍하다는 말을 어떻게 다 하겠습니까? 우리 여러 선인들은 소저로 인하여 억십만 냥을 남겨 고국으로 갑니다만, 소저의 아름다운 영혼은 언제나 오시겠습니까? 가다가 도화동의 소저 부친이 평안한지 문안을 올리겠습니다."

사공도 울고 여러 선인들이 모두 다 울 때, 바다 위를 바라보니, 난데없는 꽃 한 송이가 물 위에 둥실 떠오는 걸 보고, 선인들이 모두 뛰어나가면서,

"애야, 저 꽃이 무슨 꽃이냐. 하늘 위의 월계화냐, 요지*의 복사꽃이냐. 하늘 위의 꽃도 아니요, 세상의 꽃도 아닌데, 바다 위에 있을 때는 아마도 심 소저의 혼일 게다."

여러 가지 의견이 나올 때, 흰구름이 몽롱하게 이는 가운데 곱고도 예쁜 청의 선관이 공중에서 학을 타고 크게 외쳐 말하기를,

"바다 위에 떠 있는 선인들아, 꽃 보고 떠들지 마라. 그 꽃이 하늘꽃이니라. 다른 사람에게 부디 알리지 말고, 각별히 조심하여 모셔다가 천자께 바쳐라. 만일에 듣지 않으면 뇌성 보화 천존을 시켜 벼락을 내리리라."

선인들이 그 말을 듣고 황겁하여 벌벌 떨면서 그 꽃을 고이 건져 헛간에 모신 후에 푸른 포장을 둘러치니, 내외의 체통이 분명하다. 닻을 감고 돛을 다니, 순풍이 절로 일어 남경이 순식간이었다. 바닷가에 배를 매어 놓았다.

때는 경진년 삼월이었다. 송나라 천자가 황후의 상사를 당하시니, 억조 창생 만민들과 열두 나라 사신들은 매우 바쁘게 돌아다닐 때, 천자는 마음이 어지러워 온갖 꽃나무를 다 구하시어 상림원에 채우시고, 황극전 앞으로 모두 심었으니, 온갖 꽃이 흐드러지게 피었다.

때마침, 남경으로 장사하러 떠났던 선인들이 꽃 한 송이를 바치자, 천자께서 보시고 크게 기뻐하여 옥쟁반에 받쳐 놓았다. 구름 같은 황극전에서 날이 가고 밤이 들자, 시간을 알리는 북 소리와 징 소리뿐이었다.

천자가 잠을 잘 때, 비몽사몽 간에 봉래의 선관이 학을 타고 분명히 내려와서 큰절을 하고 나서 기꺼이 말하기를,

"황후가 세상을 떠나심을 상제께서 아시고 인연을 보내셨으니, 어서

---

*요지(瑤池) 중국 소륜산에 있는, 서왕모가 노닐던 못.

바삐 살피소서."

말을 마치기도 전에 깨달으니, 한낱 꿈이었다. 천천히 배회하다가 급히 궁녀를 불러 옥쟁반의 꽃송이를 살피시는데, 보았던 꽃은 없고 한 낭자가 앉아 있었다.

천자는 어제 보았던 아름다운 꽃이 오늘은 하늘에서 내려온 선녀가 되었구나 하고 매우 기뻐하셨다. 꿈인 줄 알았더니 꿈이 또한 실상인가?

이튿날 아침에 이런 뜻을 기록하여 내리시니, 만조 백관, 문무 제신이 일시에 들어와 땅에 엎드렸다. 천자께서 이르시기를,

"짐이 지난 밤에 꿈을 꾼 후 매우 기이한 느낌이 들어, 어제 선인이 바친 꽃송이를 살펴보았던 바, 그 꽃은 없고 한 낭자가 앉았는데, 황후의 기상이었다. 경들의 뜻은 어떠한고?"

문무 제신이 일시에 아뢰기를,

"황후 붕어하심을 상천이 아시고 인연을 보내셨으니, 이는 나라의 운수가 무궁하여 하느님이 보살피신 것입니다. 국가의 경사가 이보다 더 클 수가 없습니다."

천자께서 크게 기뻐하시고 날짜를 잡아 예부에 분부하여 가례의 모든 절차를 마련했다. 대례를 마친 후에 낭자를 금덩*에 고이 모셔 황극전에 드실 때, 위의와 예절이 거룩하고 장했다. 이로부터 심 황후 어진 덕이 천하에 가득하니, 조정의 문무 백관과 억조 창생들이 땅에 엎드려 축원하기를,

"우리 황후 어진 성덕, 만수무강하소서."

이 때, 심 봉사는 딸을 잃고 실성하여 날마다 탄식하는데, 봄이 가고 여름이 되자, 아름다운 꽃 한이 되고, 지지지 우는 새는 심 봉사를 비웃

---

* 금덩 황금으로 꾸민 가마.

는 듯, 산천은 막막하고 물 소리 처량하다.

　도화동 안팎 마을의 남녀 노소가 모두 다 와서 안부를 물어 정답게 얘기를 나누고, 딸과 같이 놀던 처녀가 가끔 와서 인사했다. 그러나 설운 마음이 가득히 쌓이고 쌓여, 아장아장 들어오는 듯하고, 앞에 앉아 말하는 듯하며, 여러 차례의 착한 일과 공경하던 말 소리를 한때라도 못 견디고 반 시라도 못 견딜 때, 눈 앞에서 딸을 잃고 목석같이 살았으니, 이런 팔자 또 있는가? 이렇듯이 눈물을 흘리고 세월을 보내는데, 인간에게 친절한 것은 천륜이었다.

　심 황후는 이 때 귀한 몸이 되었으나, 눈먼 부친에 대한 생각이 나서 늘 슬퍼하면서 홀로 앉아 탄식했다.

　"불쌍한 우리 부친, 살아 계시는가 돌아가셨는가? 부처님이 영험하셔서 그 동안에 눈을 떠서 정처없이 다니시나?"

　이렇게 탄식할 때, 천자께서 내전에 들어오셔서 황후를 보시니, 두 눈에 눈물이 서려 있고 얼굴에 수심이 쌓인 것을 보시고 물으시기를,

　"황후는 수심이 가득하시니, 어찌 된 일이오?"

　황후가 꿇어앉아 나직이 여쭙기를,

　"저는 원래 용궁 사람이 아니라, 조선 황해도 황주 도화동에서 살던 심학규의 딸이었습니다. 저의 부친이 눈이 멀어 하늘에 사무치는 한이었는데, 몽운사 부처님께 공양미 삼백 섬을 시주하면 눈이 떠진다고 하기에, 가세는 가난하고 돈을 마련할 길은 없어서, 남경 장사 선인들에게 몸을 팔아 인당수에 제물로 바쳐졌습니다. 그런데 용왕의 덕을 입어 인간 세계로 다시 살아서 돌아와, 몸은 귀하게 되었으나, 천지 인간 병신 중에서 소경이 가장 불쌍합니다. 그러니 특별히 통촉하시고 천하에 어명을 내리시어 맹인을 불러 올려 잔치를 베푸시면 저의 천륜을 찾을 수 있을까 합니다. 또, 그렇게 하시면 그것은 태평한 경사가 되지 않겠습니까?"

황제는 칭찬하여 말하기를,

"황후는 과연 효성이 지극하오."

바로 신하를 불러들여 연유를 밝히고, 이 달 말일에 황성에서 맹인 잔치를 여신다는 어명을 선포했다.

그러자 전국 각 현에서 마을마다 알려 노소 맹인들을 황성으로 올려 보내는데, 그 중에서 병든 소경에게는 약을 먹이고 조리시켜 올려보내고, 그 중에서도 살림이 넉넉한 자는 빠지려다가 관아에 들어가 볼기 맞고 올라가고, 젊은 맹인, 늙은 맹인들이 일시에 올라간다. 그러나 심 봉사는 어디 가고 모르던고.

이 때, 심학규는 몽운사 부처가 영험이 없었던지, 딸 잃고, 쌀 잃고 눈도 뜨지 못하여 지금껏 심 봉사는 심 봉사대로 있었다. 그 중에 눈만 못 떴을 뿐 아니라, 살아가는 고생이 세월을 따라 더욱더 깊어 갔다.

도화동 사람들은 애당초 남경 장사꾼들의 부탁도 있고, 곽씨 부인을 생각하든지 심청의 정을 생각해서라도 심 봉사를 위해서는 마음을 극진히 써서 도와 주는 터였다. 그 때, 선인이 맡긴 돈과 곡식을 착실히 간수하여 이식을 늘려 가면서 심 봉사의 의복과 먹을거리를 넉넉하게 하고 형세도 차차 늘어 갔다. 그런데 때마침 마을에 뺑덕 어미라고 하는 계집이 있었는데, 그 행실이 괴이하고 흉악했다. 그 뺑덕 어미는 심 봉사의 가세가 넉넉한 줄 알고 자원하여 첩이 되어 심 봉사와 사는데, 이 계집의 버릇은 사람의 버릇 중에서 가장 못된 것이었다.

그렇듯 눈이 어두운 처지인데도 심 봉사를 더욱더 고생스럽게 가세를 결딴 내는데, 쌀을 주고 엿 사 먹기, 벼를 주고 고기 사기, 잡곡 돈을 사서 술집에서 술 먹기와 이웃집에 밥 부치기, 빈 담뱃대를 손에 들고 보는 대로 담배 청하기, 이웃집에 대해 욕 잘 하고, 동무들과 싸움 잘 하고, 정자 밑에서 낮잠 자기, 술 취하면 한밤중에 긴 목 놓아 울고, 마을 남자 유인하기, 일 년 삼백육십 일을 잠시도 입을 안 놀리고는 못 견디어, 집 안의 살림살이를 홍시감 빨듯 탕진해 버렸다.

심 봉사는 여러 해 홀아비로 지내던 터여서, 그 동안 부부 사이의 화목한 즐거움이 있기도 해서, 삯을 받고 관가의 일을 하듯이 해 온 반면, 뺑덕 어미는 마음먹기를 형세를 떨어 먹다가 이삼 일 양식할 만큼만 남겨 놓고 도망할 작정으로, 유월 까마귀 곯은 수박 파먹듯, 불쌍한 심 봉사의 재물을 밤낮으로 퍽퍽 파던 터였다.

어느 날, 심 봉사가 뺑덕 어미를 불러,

"여보소. 우리 형세가 착실터니, 지금 남은 살림이 얼마 아니 된다 하니, 내 도로 빌어먹기 쉬운즉, 차라리 타관에 가서 빌어먹세. 마을에는 부끄럽고, 남의 책망 견디기도 어려우니 이사하면 어떠한가?"

"무슨 일이든 가장 하라는 대로 하지요."

"당연한 말이네. 마을에서 남에게 진 빚이나 없나?"

"내가 줄 것 조금 있소."

"얼마나 되나?"

"뒷동리 높은 주막에 가서 해장술 먹은 값이 마흔 냥."

심봉사, 어이없어,

"잘 먹었다. 또, 어디?"

"저 건너 불뚱이 함씨에게 엿값이 서른 냥."

"잘 먹었다. 또……."

"안촌 가서 담뱃값이 쉰 냥."

"이것 참 잘 먹었네."

"기름 장수한테 스무 냥."

"기름은 무엇 했나?"

"머리 기름 했지."

심 봉사, 기가 막히고 하도 어이가 없어,

"실상, 얼마큼 안 되네."

"고까짓 것 무엇이 많소."

한참 동안 이렇게 문답하더니, 심 봉사는 그 재물을 생각할 적이면 그 딸의 생각이 더욱더 뼈가 울리며 간절한지라, 미친 듯 취한 듯 홀로 뛰어나와, 심청이 가던 길을 찾아 강가에 홀로 앉아 딸을 부르면서 말하기를,

"내 딸 청아! 너는 어찌 못 오느냐. 인당수 깊은 물에 네가 죽어 황천 가서 너의 모친 보거든 모녀간의 혼이라도 나를 어서 잡아 가거라."

이렇듯이 눈물을 흘릴 때, 병졸이 심 봉사가 강가에서 운다는 말을 듣고 강가로 쫓아와서,

"여보 봉사, 관가에서 부르시니, 어서 바삐 갑시다."

심 봉사, 이 말을 듣고 깜짝 놀라,

"나는 아무 죄도 없소."

"황성에서 맹인들을 불러들여 벼슬을 주고 좋은 집을 많이 준다 하니, 어서 급히 관가로 갑시다."

심 봉사가 병졸을 따라 관가에 들어가자, 관가에서 분부하기를,

"황성 맹인 잔치를 하신다 하니, 어서 급히 올라가라."

심 봉사 대답하되,

"옷 없고 노자 없어 황성 천 리 못 가겠소."

관가에서도 심 봉사 일을 다 아는지라, 노자를 내주고 옷 한 벌을 내주면서 어서 바삐 올라가라 한다. 심 봉사는 하릴없이 집으로 돌아와서 마누라를 부른다.

"뺑덕이네!"

뺑덕 어미는 심 봉사가 홧김에 물에 빠진 줄 알고, 남은 살림 내 차지라고 속으로 은근히 좋아하더니, 심 봉사가 들어오니까 급히 대답하기를,

"네, 네."

"여보게 마누라. 오늘 관가에 갔더니, 황성서 맹인 잔치를 한다고 날

더러 가라 하니, 내 갔다 올 터이니, 집 안을 잘 살피고 나 오기를 기
다리소."

"여필종부라니, 지아비 가는데 내 아니 갈까. 나도 같이 가겠소."

"자네 말이 하도 고마우니 같이 가 볼까? 건넛마을 김 장자에게 돈
삼백 냥 맡겼으니, 그 돈 중에서 오십 냥 찾아 가지고 가세."

"에그 봉사님, 딴소리하네. 그 돈 삼백 냥 벌써 찾아, 이 달의 살구값
으로 다 없앴소."

심 봉사 기가 막혀,

"삼백 냥 찾아온 지 며칠 아니 되어 살구값으로 다 없앴단 말이냐?"

"고까짓 돈 삼백 냥을 썼다고 그같이 노여워하시우?"

"네 말하는 꼴 들어본즉, 귀덕이네 집에 맡긴 돈을 또 썼겠구나?"

뺑덕 어미 또 대답하기를,

"그 돈 백 냥 찾아서는 떡값, 팥죽값으로 다 썼소."

심 봉사 더욱더 기가 막혀,

"애고, 이 몹쓸 년아! 효성 지극한 내 딸 청이가 인당수에 마지막 갈
때, 사후에 신세라도 의탁하라 주고 간 돈, 네 년이 무엇이라고 그 중
한 돈을 떡값, 살구값, 팥죽값으로 다 녹였단 말이냐?"

"그러면 어찌해요. 먹고 싶은 것 안 먹을 수 있소?"

뺑덕 어미가 실망을 나타내면서,

"어쩐 일인지 지난 달에 몸구실을 거르더니, 신 것만 구미에 당기고
밥은 아주 먹기가 싫어요."

그래도 어리석은 사나이여서, 심 봉사는 이 말을 듣고 깜짝 놀라,

"여보게, 그러면 태기가 있나 보군. 그러나 신 것을 그렇게 많이 먹고
그 애를 낳으면, 그 놈의 자식이 시큰둥해서 쓰겠나. 남녀간에 하나만
낳소. 그도 그러려니와, 서울 구경도 하고, 황성 잔치도 같이 가세."

이렇듯 말하면서 행장을 차릴 적에 심 봉사의 거동 보소.

굵은 베로 중치막에 목전대 둘러띠고, 노잣돈을 보에 싸서 어깨 너머 둘러메고, 소상반죽 지팡이를 왼손에 든 연후에 뺑덕 어미 앞세우고 심 봉사 뒤를 따라 황성으로 올라간다.

한 곳에 다다라서 한 주막에서 자는데, 그 근처의 황 봉사라 하는 소경이 뺑덕 어미가 잡것이라는 소문이 자자하여 한 번 보기를 원했었는데, 뺑덕 어미네가 으레 그 곳에 올 줄을 알고, 그 주인과 의논하고 뺑덕 어미를 유인할 때, 뺑덕 어미가 속으로 생각하기를,

"심 봉사 따라 황성 잔치에 간다 해도 눈 뜬 계집이야 참예도 못 할 테고, 집으로 가자니 외상값에 졸릴 테니, 집에 가서 살 수 없을 것인즉, 황 봉사를 따라 가면 몸도 편하고 한 철 내내 살구는 잘 먹을 테니, 황 봉사를 따라가리라."

한다. 심 봉사는 아무 영문도 모르고 식전에 일어나서,

"여보소, 뺑덕 어미. 어서 가세. 무슨 잠을 그리 자나."

하며 말을 한들, 수십 리나 달아난 계집의 대답이 있을 리 없었다.

"여보소, 마누라!"

아무리 해도 대답이 없자, 심 봉사는 마음 속으로 괴이하게 여기면서 머리맡을 더듬어 본즉, 행장 노자를 싼 보따리가 없는지라, 그제야 도망한 줄 알고,

"애고, 이 계집이 도망쳤나?"

심 봉사 탄식한다.

"여보게, 마누라! 나를 두고 어디 갔나? 나하고 가세, 마누라! 나를 두고 어디 갔나? 황성 천 리 먼 길을 누구와 함께 동행하며, 누구를 믿고 간단 말인가? 나를 두고 어디 갔나? 애고 애고, 내 일이야!"

이렇듯이 탄식하다가 다시 생각하고,

"아서라, 그년 생각하니, 내가 잡놈이다. 어진 곽씨 부인 죽는 모습도 보았고, 지극한 효녀 내 딸 청과 생이별도 했거든, 그 망할 년을 다시

생각하면 내가 또 잡놈이다. 다시는 그년 생각은 하지도 않으리라."
하더니, 그래도 또 못 잊어,

"애고, 뺑덕 어미!"

부르면서 그 곳에서 떠났다. 또, 한 곳에 다다르니, 이 때는 어느 때
인고. 오뉴월 더운 때여서 덥기는 불 같은데, 비지땀을 흘리면서 한 곳
에 이르니, 경치 좋은 시냇가에서 목욕하는 아이들이 저희끼리 재담하
면서 목욕하는 소리가 났다. 심 봉사도,

"에라, 나도 목욕이나 하고 가자."

고의 적삼을 활활 벗고 시냇가에 들어앉아 목욕을 한참 하고 물가로
나와 옷을 입으려고 더듬어 본즉, 심 봉사보다 더 시장한 도둑놈이 다
집어 가지고 도망쳤구나. 심 봉사는 기가 막혀,

"애고, 이 도둑놈아! 내 것을 가져갔단 말이냐. 천지 인간 병신 중에
나 같은 이 누가 있겠느냐. 일월이 밝았어도 동서를 내 모르니, 살아
있는 내 팔자야. 어서 죽어 황천 가서 내 딸 심청의 고운 얼굴 만나
보리로다."

벌거벗은 알봉사가 불 같은 볕 아래 홀로 앉아 탄식한들 그 누가 옷
을 주겠는가. 그 때, 무릉 마을 태수가 황성 갔다 오는 길인데, 벽제* 소
리 반겨 듣고,

'옳다, 저 관원에게 억지나 좀 써 보자.'

벌거벗은 알봉사가 불두덩만 움켜쥐고,

"아뢰어라, 아뢰어라. 사내종아, 아뢰어라. 황성 가는 봉사가 원통한
일 하소연한다고 아뢰어라."

행차가 머무르고,

"어디 사는 소경이며, 어찌 옷은 벗었으며, 무슨 말을 하려고 하느냐?"

---

* **벽제** 지위가 높은 사람이 행차할 때 잡인의 통행을 금하던 일.

심청전 151

심 봉사가 여쭈되,

"네, 소인이 아뢰겠소. 소인은 황주 도화동에서 사는 사람인데, 황성 잔치에 가다가 하도 덥기에 이 물가에서 목욕하던 중 옷과 행장을 잃었소. 제발 찾아 주시오."

행차가 놀란 듯이 그 말을 듣고 있다가,

"그러면 무엇을 잃었느냐?"

심 봉사가 일일이 아뢰자, 행차가 분부하기를,

"네 사정 원통하나, 졸지에 찾기가 어려워, 옷 한 벌 주는 것이니, 어서 입고 황성에 올라가라."

관장이 사내종을 부르더니 분부하기를,

"너는 벙거지 써도 탈이 없으니 갓을 벗어 소경 줘라. 가마꾼은 수건 쓰고 망건 벗어 수경 줘라."

심 봉사가 입고 나니, 잃은 옷보다 한결 나은지라, 백배 사례하고 황성으로 올라갈 때, 신세를 한탄하면서 올라간다.

"어찌 갈꼬. 내 어찌 갈꼬. 오늘은 가다가 어디 가서 자며, 내일은 가다가 어디 가서 잘까? 눈 어둡고 약한 몸이 황성 천 리를 어이 가리. 어이를 가리. 황성을 가건마는, 그 곳은 무슨 곳인고. 용궁이 아니거든 우리 딸을 만나 보며, 황천이 아니거든 곽씨 부인을 만날 쏘냐? 궁하고 병든 몸이 그 곳인들 어찌 갈꼬?"

이렇듯이 한탄하면서 다리를 건너갈 때, 거리에서 어느 여인이 묻는 말이,

"게 가는 게 심 봉사요. 나 좀 봅시다."

심 봉사가 생각하기를,

'이 땅에서 나를 알 사람이 없는데, 괴이한 일이로구나.'

하고 바로 대답을 하고 그 여인을 따라가니 집이 또한 굉장했다. 저녁 밥상을 들여오는데 반찬이 또한 괴이했다. 저녁밥을 먹은 후, 그 여인이,

"봉사님, 나를 따라 저 방으로 들어갑시다."

"여보, 무슨 우환 있소. 나는 눈만 봉사지, 점도 못 치고 경도 못 읽소."

여인이 대답하기를,

"잔말 말고 내 방으로 갑시다."

심 봉사는 생각하기를,

'애고, 암만해도 보쌈에 들었나 보다.'

하고 마지못해 안으로 들어가니, 어떤 부인인지 은근히 하는 말이,

"당신이 심 봉사요?"

"그러하오. 어찌 아시오?"

"아는 도리가 있지요. 내 성은 안가요. 열 살 전에 눈이 멀어 점치는 법을 배웠지요. 스물다섯 살 되도록 배필을 안 얻은 것은 증험하는 일이 있었기 때문이오. 그래서 출가를 안 했지요. 그런데 간밤에 꿈을 꾸었는데, 하늘의 해와 달이 떨어졌소. 그래서 생각하기를 해와 달은 사람의 안목인지라, 내 배필이 나와 같은 소경인 줄을 알았고, 물에 잠겼으니까 심씨인 줄을 알고 모셔 왔으니, 나와 인연인가 하옵니다."

심 봉사는 속마음으로는 좋아서,

"말이야 좋건만, 그렇기를 바라겠소?"

그 날 밤에 안씨 맹인과 동침하면서 잠시라도 즐기더니, 꿈이 괴이한지라, 이튿날 일어나 앉아 심 봉사가 큰 걱정을 하자, 안씨 맹인이 물었다.

"내가 백년 배필을 맺었는데, 무슨 걱정이 그리 많으시오?"

"내가 간밤에 꿈을 꾸었는데, 내 가죽을 벗겨 북을 매어 쳐 보이고, 낙엽이 떨어져 뿌리를 다 덮어 보이고, 불길이 하늘을 찌르는데 벌떼가 날아들었으니, 반드시 죽을 꿈이오."

안씨 맹인이 한참 동안 생각을 하더니, 해몽을 해서 말하기를,

"그 꿈인즉 큰 꿈이오. 가죽을 벗겨 북을 매었으니, 북 소리는 궁성이

어서 궁 안에 들 것이요, 낙엽이 떨어져 뿌리를 덮었으니, 부자가 상봉할 꿈이어서 자식을 만나 볼 것이요, 불길이 하늘을 찌르고 벌 떼가 날아들었을 때 몸을 움직여 펄펄 뛰었으니, 기꺼움을 보고 춤을 출 일이 있겠소."

심봉사가 탄식한다.

"효성이 지극한 내 딸 청이는 인당수에 빠져 죽었는데, 어느 자식을 상봉할꼬."

이렇듯이 탄식한 후에 안씨 맹인이 말리므로 며칠 머무르다가 서로 작별한 후, 심 봉사가 다시 황성 길을 떠났다.

심 봉사가 황성에 이르자, 각 도 각 읍의 소경들이 들거니 나거니 하면서 각처 여관에서 들끓는 것은 소경이었다. 소경이 어찌나 많이 왔던지, 눈 성한 사람까지도 소경으로 보일 지경이었다. 임금의 어명을 받드는 군사가 기를 들고 골목골목을 돌아다니면서 외치는 말이,

"각 도 각 읍 소경님네, 맹인 잔치 마지막 날이니, 바삐 와서 참예하오."

높이 외치고 가거늘, 심 봉사가 객주에서 쉬다가 바삐 떠나 궁 안을 찾아가니, 수문장이 나와서 날마다 오는 소경을 점고*하여 들이고 있었다.

이 때, 심 황후는 날마다 오는 소경의 거주지와 성명을 받아 보되, 부친의 성명은 없으니, 홀로 앉아 탄식한다. 삼천 궁녀를 거느리고 있는지라, 크게 울지는 못하고, 옥난간에 비스듬히 앉아 발에다 얼굴을 대고 혼잣말로 하는 말이,

"불쌍한 우리 부친 살아 계시는지 돌아가셨는지. 부처님이 영험하여 그 동안에 눈을 떠서 소경 축에서 빠지셨을까? 금년에 칠십 노환으로 병이 들어 못 오시는가? 오시다가 도중에 무슨 낭패를 보셨는가? 살아서 귀하게 될 줄을 아실 길 없으니, 원통하구나."

＊ 점고(點考) 명부에 하나하나 점을 찍어 가며 사람의 수효를 조사함.

이렇듯이 탄식할 때, 이윽고 모든 소경이 궁중에 들어와 벌여 앉았는데, 말석에 앉은 소경을 가만히 바라보니, 머리는 반백인데 귀 밑에 검은 때가 있는 것으로 보아 부친임이 분명했다. 심 황후는 시녀를 불러 분부하기를,

"저 소경을 이리로 와서 거주, 성명을 고하게 해라."

심 봉사가 꿇어앉았다가 시녀를 따라 임금의 자리 앞으로 들어가서 세세히 원통한 사연을 낱낱이 밝힌다.

"소인은 황주 도화동에서 사는 심학규입니다. 스무 살에 눈이 멀고, 마흔 살에 아내를 잃어, 포대기에 싸인 딸을 동냥젖 얻어먹여 간신히 길러 내어 열다섯 살이 되었는데, 이름은 청이라 했습니다. 효성이 지극하여, 그 딸이 밥을 빌어 연명하면서 살아갈 때, 몽은사 부처님께 공양미 삼백 섬을 지성으로 시주하면 눈을 뜬다는 말을 듣고, 남경 장사 선인들에게 공양미 삼백 섬에 몸이 영영 팔려 인당수에 빠져 죽었습니다. 눈도 못 뜨고, 자식만 잃었습니다."

자세히 말을 하자, 황후는 자기의 부친임을 확실히 알았다. 버선발로 뛰어내려 부친의 목을 안고,

"아버지! 살아 왔소! 제가 물에 빠진 청이오. 청이 살았으니, 어서 급히 눈을 뜨시고 딸의 얼굴을 보옵소서."

심 봉사는 이 말을 듣고,

"어따, 이게 웬 말이냐?"

몹시 놀라는 중에 두 눈이 번쩍 떠지니, 해와 달이 환하게 비치고, 하늘과 땅이 밝다. 딸의 얼굴을 다시 보니, 갑자 사월 초열흘날 밤에 보던 선녀였다. 딸의 목을 안고 한편으로 기뻐하고 한편으로 슬퍼하면서 하는 말이,

"불쌍하다. 너의 모친은 황천으로 들어갔으니, 너를 잃고 수삼 년 고생하면서 지내다가 황성에서 너를 만나 이같이 좋아하는 모습을 어찌 알까 보냐. 춤추고 노래하되, 죽었던 딸을 다시 보니, 인간 세상으로 환

생했다는 말이냐? 어두운 눈을 뜨니, 천지가 새롭구나. 아비는 아들과 딸을 거듭 낳는다는 말은 나를 두고 한 말이다. 지화자 좋을씨고."

이렇듯 좋아할 때, 무수한 소경이 춤추고 노래하며,

"만세 만세!"

하고 외쳤다. 심 봉사에게 조복*을 입히고 황제의 은혜를 사례하고 공손히 절을 하게 했다. 황제는 내전으로 들어가서 오랫동안 쌓인 회포를 들으시고는 별궁을 정하시는데, 심학규를 부원군*에 봉하시고, 안씨 맹인을 부부인*에 봉하시며, 도화동 사람들에게는 그 해의 노역을 없애 주니, 심 황후 같은 효행은 억만고에 으뜸이었다.

＊ 조복(朝服) 조정에 나아가 하례할 때 입던 예복.
＊ 부원군(府院君) 황후의 아버지.
＊ 부부인(府夫人) 황후의 어머니.

작자 미상

박씨전

박씨전

조선 인조 임금 때에 서울 안국동에 이득춘이라는 사람이 있었다. 대대로 내려오는 이름난 큰 집안에서 일찍 벼슬길에 올라 이조 참판*, 홍문관* 부제학*에 이르렀다. 사람됨이 충효스럽고 공손하며 겸손할 뿐만 아니라, 인자하고 온후하며 활달하여, 그 이름이 온 나라에 널리 알려졌다.

부인 강씨는 대궐문을 지키는 일을 맡아 보던 강창문의 딸이었다. 어린 시절에 혼인하여 부부가 화락하여 행복하게 살았으나, 혼인한 지 사십 년이 지나도록 슬하에 자식이 없음을 항상 근심하다가, 유명한 산과 큰 내에 가서 기도를 드리기도 했으나, 끝내 대를 이을 아들이 없었다. 공이 부인 앞에서 탄식하면서 말하기를,

"우리 팔자가 기박하여 늦도록 대를 이을 자식이 없으니, 앞으로 저승에 돌아가서 무슨 면목으로 선조를 뵙겠소?"

---

* **이조 참판**(吏曹參判) 이조에 딸린 정2품 벼슬.
* **홍문관**(弘文館) 조선 시대에 궁중의 경서, 문서 등을 관리하던 관아.
* **부제학**(副提學) 홍문관의 정3품 당상관의 벼슬.

말을 마치자 눈물이 옷깃을 적시니, 부인이 사죄하여 말하기를,

"제가 이 집안에 들어와 시부모님의 은혜를 태산같이 입고, 당신이 따뜻하고 너그럽게 대해 주심이 극진하시니 감사할 따름이옵니다. 다만, 슬하에 자식이 없어 쓸쓸하게 해 드린 것은 저의 허물이오니, 당신은 저의 민첩하지 못함을 용서하시고, 훌륭한 집안의 정숙하고 기품 있는 여자를 얻으시어 요행히 귀한 아들을 얻으시면 저의 몸이 칠거지악*을 면할 것 같습니다."

공이 그 말을 듣고 나서 위로하는 뜻으로 말하기를,

"이는 다 내가 복이 없기 때문이오. 어찌 부인의 허물이라 하겠소?"

부인과 의논한 후 공이 금강산 명월암에 들어가 정성을 다하여 칠일 기도를 드리고 돌아왔다.

하루는, 공이 책상에 기대어 졸고 있는데, 어느 노인이 대지팡이를 짚고 짚신을 신은 모습으로 점잖게 들어오더니, 손을 맞잡아 절을 하고 나서 말하기를,

"그대는 전생에 지은 죄가 무거워서 부처님이 밉게 보시고 자식이 없게 했는데, 그대의 기도하는 정성이 지극하므로 하늘이 감동하시어 자식을 낳게 해 줄 것이니, 귀하게 길러 가문이 빛나게 하라."

하고, 기이한 구슬 하나를 꺼내 주었다. 공이 문득 깨어나 보니 한낱 꿈이었다. 마음 속으로 이상히 여겨 안방으로 들어가 웃으면서 말하기를,

"내가 꿈을 꾸었는데, 신기하게 여겨 부인에게 전하오."

부인이 또한 미소를 지으면서 말하기를,

"제 꿈하고 조금도 다름이 없으니 신기하옵니다."

공이 기뻐하면서 말하기를,

"우리 두 사람의 꿈이 이러니, 이것은 하늘이 우리에게 자식이 없는

---

* **칠거지악**(七去之惡) 옛날에 아내를 내쫓는 일곱 가지 이유.

것을 불쌍히 여기시어 귀한 아들을 주실 모양이오."

　과연, 그 달부터 태기가 있었다. 열 달이 다 찼을 때, 하루는 부인이 피곤하여 자리에 눕자, 갑자기 배가 아프기 시작하더니 옥동자가 태어났다. 이 때, 이 공은 부인의 아기 낳을 기미가 급함을 보고 황급히 약을 준비하여 마루 위에 걸었다. 그러자 문득 상서로운 기운이 허공에 영롱하고, 선녀 한 사람이 내려와 아기의 몸을 씻어서 뉘어 놓고, 부인에게 말하기를,

　"이 아기는 하늘의 태백성*이 인간 세상에 내려온 것이니, 장차 부인의 슬하를 빛낼 것이오. 이 아기의 아내 될 사람은 금강산에 있으니, 부디 하늘이 정해 주신 연분을 저버리지 마소서."

하고, 문득 온데간데 없었다. 공의 부부가 기뻐하면서 아기를 보니, 꿈에 본 동자와 조금도 다름이 없었다.

　이 때는 갑진년(선조 37년, 1602) 사월 십칠일 진시*였다. 공이 크게 기뻐하면서 이름을 시백*이라 하고, 보배로운 구슬처럼 사랑하여 길렀다. 시백의 나이가 세 살에 이르자, 총명이 뛰어나 온갖 서책을 보고자 하여, 공이 너무나 성숙함을 염려하였다.

　그 이듬해, 춘삼월에 부인에게 또 태기가 있더니, 십이월 초순에 귀여운 딸을 낳았다. 공이 더욱더 기뻐하여 아기를 자세히 살펴보니 예쁘고 아름다운 얼굴이 세상에 비교할 만한 아기가 없었다. 그래서 이름을 시화라 하고, 끔찍하게 귀여워하면서 잘 길렀다. 차츰 자라나자, 용모가 더욱더 빼어나고 재주가 비상하고 시와 붓글씨에 모르는 것이 없었다. 열한 살이 되자, 아름다운 얼굴과 꽃 같은 모습이 아주 뛰어나고 덕행이 아울러 갖춰지니, 공이 큰 가문의 어진 총각을 널리 구하여 슬하

---

* 태백성(太白星)　저녁에 보이는 금성.
* 진시(辰時)　오전 7시부터 9시까지.
* 이시백(李時白)　조선 인조 때의 문신. 인조 반정의 공신. 판서를 거쳐 영의정에 이르렀음.

의 재미를 보고자 하였다.

　세월이 흐르는 물과 같아서 시백은 어느덧 나이가 열여섯 살이요, 시화는 열세 살이 되었다. 이 때, 상감께서는 공의 인품이 충직하고 온후함을 아름다이 여기시어 강원 감사에 제수하셨다. 공이 임금의 은혜에 감사하고 사흘 후에 떠날 때, 아들만을 데리고 부인과 시화와 작별한 후 며칠 만에 감영에 부임하여 모든 일을 공정하게 처리하였다.

　한편, 금강산의 가장 높은 봉우리에 처사*한 사람이 있었다. 도학이 높기로 유명한 선비였는데, 그의 부인 최씨와 함께 산 지가 삼십 년이 되었다. 유점사 근처에 비취정을 짓고 세월을 보낼 때 세상 사람이 비취 선생이라 부르고, 더러는 유점 처사라 부르기도 했다. 일찍 두 딸을 두었는데, 맏딸은 열일곱 살이었으나 얼굴이 아주 못생긴 탓으로 시집을 못 가고, 아우는 일찍 출가하였다. 박 소저는 얼굴은 비록 추악하게 생기긴 했으나, 천성이 현숙하고 도학이 한량 없어서, 세상 만물에 모르는 것이 없었다. 처사는 무릎을 치고 탄복하면서 칭찬하여 말하기를,

　　"이 아이는 세상에 기이한 재주를 지니고 있도다. 이 애 같은 이름이
　　있는 현명한 신랑감을 구하여 딸의 짝을 삼으리라."

하였다. 그 때 마침, 이 공이 강원도 감사로 내려왔다는 말을 듣고 부인더러 말하기를,

　　"내가 감영에 가서 이 공을 보고 청혼하겠소."

　　부인이 웃으면서 말하기를,

　　"이 감사는 조정의 유명한 재상인데, 어찌 시골 사람의 변변치 못한
　　딸과 혼인하겠어요?"

　　처사가 웃으면서 말하기를,

　　"부인은 염려 마시오. 이 두 아이는 하늘이 정해 준 연분이니. 부인은

---

*　처사(處士)　벼슬을 하지 않고 시골에 묻혀 사는 선비.

두고 보소."

처사는 바로 의관을 갖추고 한 필의 검정빛 노새를 타고 감영에 이르러, 통인*을 불러 말하기를,

"너희 사또께 여쭈어라."

하자, 통인이 안으로 들어가 감사에게 처사가 한 말을 아뢰었다. 공은 의아하게 여기면서 바로 모셔 들이라고 하자, 처사가 비옷을 입고 천천히 들어왔다. 공은 얼른 마당으로 내려가 맞이하여 예를 마치고 자리를 잡고 앉았다. 그 때, 처사가 무릎을 도사리고 앉아 말하기를,

"저는 금강산에서 사는 박현옥입니다. 산야에 묻혀 있는 천한 사람으로서 분에 넘치게 감사님을 찾아뵌 것은 깊이 생각한 바가 있어 감히 찾아뵈었습니다."

공이 눈을 들어 처사를 살펴보니, 신선 같은 풍채가 빛나는 것을 보고 가히 범인이 아님을 알았다. 공이 공경하여 대답하기를,

"저는 변변치 못한 사람으로서 외람되이 상감의 은혜를 입어 한 도의 감사라는 무거운 책임을 맡아 밤낮으로 두려워하였는데, 이제 선생이 오시어 어리석은 이 사람을 가르치고자 하시니, 제가 허물을 면할 수 있을 것 같습니다."

처사가 공손히 사례하면서 말하기를,

"감사께서 너무나 겸손하시니 제가 매우 황송하옵니다. 저의 천박한 식견으로 하늘의 이치를 연구하여 본즉, 아드님이 제 딸과는 하늘이 정해 주신 짝입니다. 다만, 부끄러운 것은 용모가 박색이고 자질이 천박해서 감히 잘생기신 아드님의 짝이 되는 것은 분에 넘치는 일이나, 하늘이 정해 주신 배필을 어길 수 없기에 감히 감사께 이러한 사연을 아룁니다."

＊ **통인**(通引) 지방 관아에 딸려 잔심부름을 하던 구실아치.

공이 듣기를 마치고 나더니, 처사의 거동을 보고 말을 듣고 보니, 예사로운 사람이 아니었다. 처사의 말이 헛된 거짓말이 아닌 줄을 알고, 마침내 기꺼이 대답하기를,

"선생의 높으신 뜻과 따님의 빼어난 자질로 못난 제 자식의 짝을 삼고자 하시니, 이는 제가 얻지 못할 영광이니 어찌 사양하겠습니까? 선생의 말씀을 받들겠습니다."

처사가 기뻐하면서 말하기를,

"감사의 존귀하신 몸으로서 제 말씀을 가볍게 여기지 않으시고 한 말씀에 쾌히 허락하시니 감격해 마지않습니다."

감사가 또한 기뻐하면서 아들을 불렀다. 이윽고 한 소년이 푸른 도포에 검정 두건을 쓰고 앞으로 나왔다. 감사가 처사께 인사를 하라고 하자, 공자가 부친의 명을 따라 처사에게 공손히 절을 두 번 했다. 처사도 답례하고 나서 눈을 들어 살펴보니, 참으로 만고의 영웅이요 일대의 호걸이었다. 처사는 매우 기뻐하면서 뛰어난 아들을 두었음을 치하하니, 감사가 감사히 여겼다. 처사가 감사를 향하여 말하기를,

"아주 길일을 정하는 게 어떻겠습니까?"

감사가 허락하니, 처사가 기뻐하면서 바로 길일을 택하니, 명년 섣달 이십일이 크게 좋은 날이어서 그 날로 혼인을 하기로 정하고, 주인과 손님이 기뻐하면서 술을 마시며 즐기다가, 날이 저물자 처사가 일어나 하직하고, 공자의 손을 잡고 훗날 다시 만나자고 말하고는 표연히 마당 아래로 내려서서 돌아가니, 그 걸음걸이가 가볍고 민첩하여 참으로 신선이었다. 감사가 아들과 함께 그가 간 곳을 바라보면서 그의 신기한 행동에 탄복했다.

세월이 흐르는 물 같아서 이듬해 봄철이 되자, 상감께서 이 감사의 백성을 사랑하여 바르고 착하게 다스림을 아름다이 여기시어, 벼슬을 높여 이조 판서와 세자 빈객에 임명하시고는 역마를 이용하여 올라오

라고 부르시니, 이 판서가 상감의 은혜를 감사히 여겼다. 이러구러 박 처사와 약속한 길일이 다다르자, 이 판서가 부인에게 말하기를,

"내가 원주 감영에 있었을 때 금강산 박 처사의 따님과 혼인하기로 한 것은 부인도 이미 알거니와, 이제 길일이 멀지 않았으니, 아들을 데리고 내려가 예식을 올리고 올라오리다."

부인이 말하기를,

"혼인은 인륜 대사인데, 마주 앉은 자리에서 혼인하기로 정하시고 어찌 약속을 어기겠습니까?"

이 판서가 부인의 말이 정중함을 기뻐하여, 이튿날 대궐 안으로 들어가 상감께 연유를 아뢰었더니, 상감께서 허락하시고,

"속히 내려가 혼사를 지내고 올라와 직책을 수행하라."

하시면서, 금은과 비단을 내리시니, 이 판서가 상감의 은혜에 감사하고 바로 아들을 데리고 금강산을 찾아서 유점사 근처에 이르러, 비취동에서 사는 박 처사의 집을 찾으니, 그 동네 사람들이 말하기를,

"이 곳에서 삼십 년을 살았으되, 박 처사라는 말은 듣지 못했습니다."

하기에, 이 판서가 조금 걱정하면서 생각하기를,

"내일이 아들의 길일인데, 지금까지 박 처사의 거처를 찾지 못하니, 이는 시백이 신선과의 인연이 없기 때문이다."

하고, 어찌할 줄을 몰라 멈칫거리고 있는데, 문득 공중에서 학이 우는 소리가 나더니, 박 처사가 앞에 이르러 이 판서의 손을 잡고 웃으면서 말하기를,

"이 판서께서 산 속에 묻혀 사는 천한 사람을 찾으시려고 누추한 곳에 오시어 여러 날 방황하시니, 이는 제가 어리석고 둔하여 민첩하지 못한 탓입니다. 제 집이 멀지 않으니 가십시다."

하고, 시백의 손을 이끌고 이 판서를 청하여 몇 리를 들어가는데, 산길이 험준하여 올라가기가 어려우나, 처사의 걸음걸이는 평지를 걷듯이

걸어갔다. 한 곳에 이르니, 소나무와 대나무가 울창하고, 아름다운 꽃과 풀이 가득 피었는데, 네댓 칸 초가집이 정결하게 들어서 있고, 황금빛 글자로 현판을 달았는데, 피화정*이라 씌어 있었다.

처사가 이 판서의 부자를 인도하여 서당에 이르니, 뜰 앞에서 흰 학은 쌍쌍이 오락가락하고, 버드나무 사이의 노란 꾀꼬리는 봄빛을 자랑하니, 참으로 속세에서는 볼 수 없는 아름다운 곳이었다. 객실에 들어가니, 격조 높은 책장에는 만 권의 책들이 쌓여 있고, 벽에는 칠현금이 세워져 있으니, 가히 산들에 숨어 사는 선비의 거처임을 알 수 있었다.

이튿날, 이 판서는 처사의 부자와 함께 아침밥을 먹고 나더니, 처사가 기꺼이 웃으면서 말하기를,

"날이 늦었으니, 아드님에게 혼례복을 입혀 혼인식을 올리게 하십시오."

이 판서의 얼굴에 기쁨의 빛이 무르녹더니, 아들에게 예복을 입히고, 안채로 들어가 혼례식을 올리라고 하니, 처사가 시백의 손을 이끌어 안채로 들어가 교배석에 인도하니, 시백은 천천히 걸어가 혼례상 위에 기러기를 올려놓고, 다시 마루 위에 올라가 신부와 함께 혼인식을 마치고 시백이 몸을 돌이켜 바깥채로 나오니, 이 판서가 기쁨을 못 이겨 아들의 손을 잡고 처사에게 사례하여 말하기를,

"선생처럼 이름 높으신 분이 제 자식의 용렬함을 따지지 않으시고 천금 같은 따님과 혼례를 이루게 하시니, 저의 부자는 복이 손상되지나 않을까 두려워하옵니다."

처사가 감사히 여기면서 말하기를,

"아드님의 신선 같은 풍채로써 제 딸년의 추한 모습을 대해 주니, 제 마음에는 몸둘 바를 알지 못하겠습니다. 다만, 하늘이 정해 주신 연

---

* 피화정(避禍亭) 재앙을 피하는 정자라는 뜻.

분은 사람의 힘으로는 어쩔 수 없는 것임을 알고 있기에 오늘 혼례를 치른 것입니다. 바라건대, 이 판서께서는 바다 같은 은혜를 베푸시어 딸년의 추한 용모를 용서하시고, 슬하에 거두어 양육하시기 바라옵니다."

이 판서가 기꺼이 웃으면서 말하기를,

"선생은 너무 겸손의 말씀을 하십니다. 따님의 용모는 선생 말씀과 같이 비록 아름답지 못한 점이 있을지라도 여자의 도리는 현숙함이 으뜸이요, 얼굴이 아름다우면 팔자가 사납기 쉬우니, 선생은 조금도 염려하지 마십시오."

처사는 이 판서의 말을 감격하게 여기어, 술을 내다가 주인과 손님이 종일토록 마시면서 즐겼다.

날이 저물어 저녁밥을 먹은 후, 이 판서가 아들더러 신방에 들어가라고 하니, 시백은 아버지의 말씀을 받들어 신방에 이르러, 방 안의 물건을 살펴보니, 여자의 바느질 그릇은 없고, 손자, 오자의 병법 책이 책상 위에 쌓여 있는 것을 보고, 시백은 이상히 여기면서 무릎을 도사리고 단정히 앉아 있었다. 이윽고 신부가 들어오기에 시백은 일어나 맞이하여 자리잡고 앉은 다음, 눈을 들어 신부를 보니, 키는 거의 칠 척은 되고, 퍼진 허리는 열 아름은 되며, 높은 코와 내민 이마며 둥근 눈방울이 끔찍이 흉하고, 손발을 절며, 얼굴빛이 검고, 두 어깨에 쌍혹이 늘어져 가슴을 덮었다.

시백은 그 흉악한 용모를 보니, 혼백이 날아가고, 또 신부의 몸에서 냄새가 코를 찔러서 비위를 능히 가라앉히지 못했다. 허겁지겁 뛰쳐나와 놀라움을 진정하지 못하는 모습을 보고, 이 판서가 놀라면서 묻기를,

"어찌 도로 나오느냐? 놀란 기색이 보이는데 무슨 까닭이냐?"

시백이 여쭙기를,

"제가 신방에 들어가니, 신부가 나오지 않았습니다. 이윽고 한낱 마

귀 같은 여자가 들어오는 걸 보고 놀라던 중 냄새가 비위를 가라앉힐 길이 없어서 급히 나왔습니다. 내일, 급히 서울로 올라가시지요."

이 판서가 듣기를 다하고 크게 놀라, 아들의 태도가 진중하지 못함을 보고 노하여 꾸짖기를,

"네, 아무리 용렬하나 오늘이 부부의 첫날밤인데, 신부가 비록 외모에 아름답지 못한 점이 있다 한들 무엇이 그리 놀라우며, 여자의 도리는 현숙함이 근본이거늘, 네 어찌 색을 취하고 덕을 가벼이 여기는 악한 행실을 하느냐? 다시 들어가 신부의 어진 덕을 느끼고 부부의 즐거움을 이루어 아비의 말에 순종하라! 만일 다시 거역하면 부자간의 의리를 아주 끊어 버리겠다."

하자, 시백은 아버지의 말씀이 너무나 엄정하심을 보고, 감히 다시 거역하지 못하여 다시 신방에 들어갔다. 그러나 신부를 다시는 보기 싫어, 한편 구석에 옷도 벗지 않고 누웠다가, 닭이 울면 바깥채로 나와 아버지가 거처하는 방을 살피고, 아침밥을 먹은 후에 자연히 날이 저물면 구실을 삼아 신방에 들어갔다가 날이 밝으면 나오곤 했다. 이렇게 하여 사흘을 지내고, 날짜를 잡아 서울로 올라갈 때, 이 판서의 부자가 처사에게 하직 인사를 하고, 신부를 가마에 태워 출발시켰다.

여러 날 만에 서울의 본댁에 이르러서, 아들과 함께 몸채의 대청에 들어가 부인과 예를 마치고 자리를 잡고 앉은 다음, 다시 의관을 바로하고 부인과 함께 비로소 신부를 불러 보았다. 신부는 곱게 단장하고 폐백을 받들어 올리기에 부인이 눈을 들어 신부를 보니, 못생기기가 비할 데 없었다. 마음 속으로 분하여 공을 향해서 말하기를,

"저 인물을 어찌 며느리라 하여 슬하에 두고 보겠소?"

하였다. 이 판서가 좋지 않게 여기면서 말하기를,

"신부가 비록 외모는 못생겼으나 재주가 기이하여 무궁한 도법이 마음 속에 가득하고, 아울러 현숙한 덕을 갖추고 있으니, 진실로 우리

가문을 빛낼 인물이오. 부인은 어찌 얼굴이 못생겼음을 탓하시오?"

부인은 이 판서의 엄정한 책망을 듣고 묵묵히 앉아 아무 말도 하지 않았다. 이 판서가 아들과 며느리로 하여금 사당에 올라가서 쌍으로 잔을 드려 조상님께 아뢰게 했다.

그 후, 여러 달이 지나갔으나, 시백은 한 번도 소저의 숙소에 가는 일이 없었다. 이 판서가 크게 성을 내어 시백을 불러 꾸짖어 말하기를,

"옛날에 제갈량의 부인 황씨는 인물이 박색이로되 공명이 따뜻하게 대해 주었다. 그러다가 필경에는 공명이 세상에 나와서 벼슬하여 유비를 도와 천하를 다스릴 계책을 꾸밀 때, 황 부인이 제갈량에게 팔문 둔갑법*과 바람과 비를 불러 일으키는 술법을 전해 주어 삼국에 이름이 진동했다. 황 부인의 이름이 삼국에 떨치게 되어 절홍 부인이라 일컬어졌으니, 이는 천하의 뛰어난 부인이다. 네가 옛일을 미루어 보고, 나의 어진 며느리를 박대하지 말라."

시백이 아버지의 분부를 거역하지 못하여 박 소저의 침소에 들어가기는 하되, 한편 구석에 옷을 입은 채로 누워 있다가 날이 밝기를 기다려 나갈 뿐이요, 말은 한 마디도 하지 않으니 어찌 한심하지 않겠는가?

하루는, 박 소저가 아침 문안을 하러 와서 무슨 말을 하려다가 망설이는 걸 보고 이 판서가 묻기를,

"현부는 무슨 하고 싶은 말이 있느냐?"

소저는 엎드려 여쭙기를,

"제가 변변치 못하고 못생긴 주제에 존귀한 집안에 들어와 시부모님께 어리석어 민첩하지 못한 일이 많아서 아버님께 아뢰기 황송합니다만, 제 본성이 한적하고 구석진 곳을 즐기고, 번화한 곳은 심히 괴로우므로, 천한 의견을 말씀드립니다. 뒤뜰에 있는 동산에 초당을 짓

---

* 팔문 둔갑법(八門遁甲法) 귀신을 부리는 술법.

고 거처하는 것이 소원이니, 아버님께서는 허락해 주시기 바랍니다."

이 판서가 듣고 나서, 그 처지를 가엾게 여겨 기꺼이 허락하고 바로 집안 사람들에게 명하여 후원에 십여 칸 초가집을 짓게 하고, 아름다운 꽃과 풀을 많이 심어 소저의 맑은 뜻과 취향을 돋워 주니, 소저는 공의 은혜에 감격하여 다만 감사하다고 말할 뿐이었다.

길일을 택하여 몸종 계화를 데리고 초당에 이르러 동산을 살펴보니, 기이한 꽃은 봄빛을 자랑하고, 푸른 학과 흰 학은 쌍쌍이 오락가락하여 주인을 반기는 듯하니, 참으로 아름다운 신선의 세계였다. 소저가 기뻐하면서, 몸종 계화더러 서재에 가서 아버님께 여쭈어 종이 한 장을 얻어 오라고 하니, 이 판서가 친히 손에 들고 후원에 들어가자 소저가 급히 뜰에 내려 맞이하였다. 이 판서가 기꺼이 묻기를,

"종이는 무엇에 쓰려 하느뇨?"

소저가 옷깃을 여미고 여쭙기를,

"이런 정결한 집에 당호*가 없어서 쓰고자 해서입니다."

이 판서가 기뻐하면서 말하기를,

"내가 너의 글씨 솜씨를 보고자 하니 내 앞에서 쓰라."

소저는 계화더러 붓과 벼루를 가져오라 하여, 먹을 갈아 단숨에 써 내리니, 필법의 신기함이 푸른 용이 서린 듯했다. 그 현판에 '피화정'이라 썼다. 이 판서가 필법을 보고 대단히 칭찬하여 말하기를,

"정말 기이한 재주로구나! 네가 친정 아버님의 재주를 닮았구나!"

소저는 황공하여 감사하다고 말하고, 그 글자를 한 번 뒤적이니, 문득 황금빛 글자로 변했다. 공이 더욱더 신기하게 여겨 말하기를,

"과연 뛰어난 재주로구나! 시백이 용렬하여 구박이 심하니, 어찌 한이 없지 않겠느냐?"

---

* 당호(堂號) 집을 부르는 이름.

하였다.

하루는, 소저가 몸채 대청에 가서 시부모에게 문안을 드리고, 엎드려 이 판서에게 여쭙기를,

"내일 아침에 늙은 종에게 분부하시기를, 종로 객줏집에 가면 매어 놓은 말이 수십 필이 있을 것이옵니다. 그 중에서 비루먹은 말을 잡고 값을 물으면 일곱 냥을 달라고 할 것이니, 그 말은 들은 체도 말고, 돈 삼백 냥을 주고 사 오라고 하십시오."

이 판서가 놀라서 묻기를,

"네 말이 이상하다. 말 값을 일곱 냥이라 하면서 그렇게 비싼 값을 주고 사 오라 하느냐?"

소저가 대답하기를,

"앞으로 보시면 자연히 아시게 되옵니다."

이튿날, 공이 바깥채에 나와서 늙은 종을 불러, 돈 삼백 냥을 주면서 분부하기를,

"종로에 가서 이리이리하라."

하니, 늙은 종은 공이 시키는 대로 종로에 있는 말 객줏집에 가서 보니, 과연 그랬다. 말 거간꾼을 불러, 비루먹은 말을 가리켜 말하기를,

"저 말 값이 얼마요?"

거간꾼이 말하기를,

"좋은 말이 많거늘 구태여 비루먹은 말을 사려고 하오? 값은 일곱 냥이오."

종이 말하기를,

"우리 영감님께서 분부하시기를 삼백 냥을 주고 사 오라 하시니, 이 돈을 받으시오."

말 거간꾼이 놀라면서 말하기를,

"이상한 말을 다시는 마시오. 일곱 냥 가는 말인데, 어찌 삼백 냥이나

비싼 값을 받겠소?"

종이 말하기를,

"나는 우리 영감님의 분부로 이러는데, 어찌 거역하겠소?"

하고, 삼백 냥을 억지로 주려고 하니, 말 거간꾼이 말하기를,

"말 값 일곱 냥은 내어놓고, 그 나머지는 우리 둘이서 나누어 갖고, 돌아가서는 삼백 냥을 다 주고 산 양으로 아뢰오."

종이 그렇겠다고 여겨 반씩 나누어 가지고 말을 끌고 돌아오니, 이 판서가 나와서 말을 이끌고 후원에 들어가 소저를 불러 말을 보라고 했다. 소저는 이윽히 살펴보다가 공에게 여쭙기를,

"저 말을 도로 내다 주라 하소서."

이 판서가 의아하여 말하기를,

"네 말대로 사 왔는데, 어찌 도로 주라고 하느냐?"

소저가 말하기를,

"아버님께서는 모르시나, 저는 압니다. 말 값을 덜 주고 사 왔으니, 무엇에 쓰겠습니까? 그래서 도로 주라고 하는 것입니다."

이 판서가 놀라면서 늙은 종을 꾸짖어 말하기를,

"너, 말 값을 얼마나 주고 사 왔느냐?"

종이 여쭙기를,

"대감께서 주신 대로 주고 사 왔나이다."

박씨가 몸을 돌이켜 종을 꾸짖어 말하기를,

"네 아무리 어리석은 천한 놈인들 상전 속이기를 능사로 하니, 어찌 통분치 않으리요? 네가 말 값을 죄다 말 거간꾼에게 주니까, 그놈이 말하기를, 말 값으로 일곱 냥만 빼어 놓고 나머지는 우리 둘이서 나누어 갖자 하니까, 너는 그놈의 말에 솔깃하여 나누어 가지고, 두 놈이 말하기를, 벼락치는 하늘도 속인다 하였으나 나는 속이지 못할 것이다. 상전을 속인 죄는 나중에 다스리려니와, 급히 가서 나누어 가

진 돈을 말장수에게 주고 오되, 만일 머뭇거렸다가는 네 목숨을 보전하지 못할 것이다."

종이 황겁하여 땅에 엎드려 사죄하고, 급히 말 객줏집에 가서 말 값을 도로 찾아 합쳐서 말 임자를 찾아가 전후 이야기를 하고 나서, 삼백 냥을 억지로 주고 돌아와, 소저에게 아뢰어 말하기를,

"인제는 죄다 주고 왔나이다."

소저가 말하기를,

"아직은 물러가 있으라."

하고, 이 판서에게 말하기를,

"그 말을 하루에 깨 한 되와 생동쌀* 오 홉씩을 죽을 쑤어 삼 년만 먹이시고, 이 초당 앞 뜰의 찬 이슬을 맞혀 버려 두시면 훗날 쓸 곳이 있습니다."

이 판서가 기꺼이 허락하고, 삼 년을 버려 두었더니, 하루는 소저가 몸채 대청으로 올라가서 시부모님께 문안하니, 부인은 보기 싫어 눈썹을 찡그리고, 이 판서는 웃는 낯빛으로 손을 잡아 말하기를,

"무슨 말을 하려고 왔느냐?"

소저는 여쭙기를,

"아무 달 아무 날에 명나라 황제가 죽은 소식을 알리려고 패문 사신*이 올 것이니, 믿을 만한 종을 시키시어, 내일 식전에 그 말을 끌고 나가 남대문 옆에 세워 두면, 패문을 가지고 오는 사신이 보고, '저 말의 값이 얼마냐?' 고 묻거든, '말 값이 삼만팔천 냥이오.' 하면, 그 사신이 그 값을 다 주고 살 터이니, 말 값을 받아 오라 하소서."

공이 소저의 말을 신기하게 여겨 기꺼이 허락하고, 그 이튿날 심복하는 종 원삼이를 불러 분부하기를,

---

* 생동쌀 이삭에 털이 있고 알이 잘며 빛이 푸른 차조.
* 패문 사신 임금의 어명이 적힌 공문서를 가지고 다른 나라에 전하러 가는 신하.

"이 말을 끌고 가서 남문 안에 가서 서 있으면 명나라 사신이 이리이리 물을 것이다. 그러면 말 값이 삼만팔천 냥이라 하면 묻지 않고 다 줄 것이니, 주는 대로 받아 오라."

원삼이는 분부를 받들고 바로 말을 이끌고 남문 안에 가서 서 있었다. 과연, 명나라 사신이 들어오다가 그 말을 보고 통역관을 시켜 묻기에, 시킨 대로 말했더니, 다시 더 묻지도 않고 말 값을 다 주고 갔다. 말 값을 받아 가지고 와서 이 판서께 아뢰니, 이 판서가 기특하게 여겼다. 후원에 들어가 소저더러 말값을 받아 왔노라고 말하면서 묻기를,

"그 말 값이 어찌 그리 많으냐?"

소저가 여쭙기를,

"그 말이 하루에 천 리를 달리는 날쌘 말입니다. 조선에서는 알아보는 사람도 없습니다. 명나라는 땅이 넓고, 얼마 안 가서 쓸 데가 있게 됩니다. 그 사신은 귀신 같은 지혜가 있는 사람이어서, 그 말을 알아보고 삼만 냥이 넘는 말 값을 아끼지 않고 사 갔습니다. 조선에서는 땅이 좁아서 쓸 곳이 없습니다."

공이 탄복하여 말하기를,

"너는 여자인데도 심명함이 이러하니, 만일 남자로 태어났던들 나라의 큰 인재가 되어 유익함이 많았을 것이다."

하였다.

이 때, 나라가 태평하여 모든 백성이 즐겁게 살고 있었다. 상감께서는 공자를 비롯한 이하 여러 성인을 모신 사당에 가서 참배하시고, 과거를 베풀어 인재를 뽑으시려고 하자, 이시백이 과거에 응하기 위해 여러 가지 필기구를 준비하여 과장에 나가려고 했다.

이 날 밤, 박씨가 꿈을 꾸었다. 후원의 연못 가운데에는 화초가 만발해 있는데, 꿀벌이 날아들고, 백옥으로 된 연적이 갑자기 변하여 청룡이 되어 노닐다가 여의주를 얻어 물고 여러 가지 빛깔로 아롱진 고운

구름을 타고 옥경*으로 올라가는 것이었다. 깜짝 놀라 깨어 보니, 한낱 꿈이었다. 매우 이상하게 여기어, 날이 밝기를 기다렸다가 연못가에 나가 보니, 과연 연적이 놓여 있었다. 자세히 보니 꿈 속에서 보았던 연적이었다. 그 연적을 가져다가 간수하고, 바로 계화를 불러 이르기를,

"작은 서재에 가서 상공께 잠깐 들어오시란다고 여쭤라."

계화가 바로 작은 서재에 가서 시백에게 소저의 말씀을 아뢰니, 시백은 좋지 않게 여기면서 말하기를,

"무슨 일이 있기에 아녀자가 장부의 과거 길을 지체하게 하느냐?"

계화가 돌아와서 그대로 아뢰니, 박씨는 한참 잠잠하다가 다시 계화를 보내어 말하기를,

"여자의 도리에 서방님을 앉아서 오시라고 하는 것이 당돌하나, 잠깐 들어오시면 과장에서 쓰실 도구를 드릴 것이니, 한 번 수고를 아끼지 마소서 하고 여쭤라."

계화가 마지못하여 소저의 말씀을 자세히 아뢰니, 이시백이 크게 노하여 큰 소리로 꾸짖어 말하기를,

"요망한 계집이 장부의 과거 길을 이렇듯 방자하니 어찌 통분하지 않으리요?"

말을 마치더니 더욱더 분기가 치밀어 올라, 늙은 종을 시켜 계화를 잡아 내리라 호령하고는 여러 가지 죄를 따지면서 말하기를,

"너의 주인이 시골에서 자라나 비록 사리와 체통을 모르나, 여자가 되어 장부를 마음대로 오라 가라 하니, 어찌 해괴하지 않으리요? 오늘, 너의 죄를 다스리는 것은 너의 주인을 대신하는 것이니, 이대로 전하라."

하고, 말을 마치더니, 매 삼십 대를 때려 물리치니, 계화가 울면서 들어

---

* 옥경(玉京) 옥황 상제가 산다고 하는, 하늘 위의 서울.

와 당한 일을 아뢰니, 박씨는 눈물을 흘리면서 말하기를,

"이는 나의 죄를 너에게 뒤집어씌운 것이니, 여자의 몸이 구차한 것임을 알 것이다."

말을 마치더니, 길이 탄식하고는 연적을 내주면서 다시 전하여 말하기를,

"이 연적의 물로 먹을 갈아 글을 지어 써 바치면 장원으로 급제하여 이름을 드날리신 후, 부모님께 영화를 보여 드리고, 집안의 명예를 빛낼 것이니, 첩 같은 사람은 서방님께는 아무 상관이 없으니 생각지 마시고, 지체가 높은 고귀한 집안의 좋은 여자를 택하여 평생토록 화락하게 사옵소서 하고 전하라."

계화가 다시 나와 벼루를 드리고, 소저의 말씀을 아뢰니, 시백이 듣기를 다하고 연적을 받아 보니, 천하의 기이한 보배였다. 자기가 너무 지나치게 했다는 것을 깨닫고 뉘우치더니, 계화를 불러 앞에 세워 놓고 얼굴빛을 부드럽게 하고는 말하기를,

"너의 소저께 아뢰어라. 내가 천성이 급하여 소저의 말씀을 언짢게 여겨, 계화를 엄중히 다스렸으나, 소저는 마음씨가 온순하여 연적을 보내어 과거 기구를 보내 주시니 심히 부끄럽기는 하지만, 나의 소행을 분하게 여겨 다른 집안의 여자와 다시 혼인하라는 말씀은 너무 지나치다고 생각하나이다 하고 아뢰어라."

계화가 분부를 받들고 들어와 시백의 말씀을 낱낱이 아뢰니, 소저는 잠자코 대답이 없었다.

시백은 그 날, 과거 보는 데 필요한 기구들을 갖추어 과장 안에 들어가, 시험 문제를 보고, 바로 벼루에 그 연적의 물로 먹을 갈아 단숨에 힘차게 쓰니, 글이 잘되어 한 군데도 고칠 곳이 없었다. 제일 먼저 답안지를 써 내고 발표가 있기를 기다렸다. 이윽고 급제자의 명단을 발표하는데, 장원은 서울 사람 이시백이니, 아버지는 이조 판서 득춘이라 적

혀 있었다. 시백은 한편으로는 놀라고 한편으로는 기뻐하였다. 이윽고 대 위에서 급제한 사람의 이름을 부르는 소리가 진동하였다. 시백은 수많은 사람들 속에서 몸을 빼내어 대 아래로 나갔다. 상감께서 장원 급제자를 보시니, 세상에 보기 드문 영민하고 준수한 호걸이었다. 얼굴에 기뻐하시는 빛이 가득해지시더니, '이 공이 귀한 아들을 두어 나라를 떠받칠 인재가 되었다.'고 찬양하시고, 어사화와 청삼을 주시자, 장원 급제자가 임금의 은혜에 사례하고, 악대를 거느리고 대궐 문을 나올 때 푸른 빛깔의 도포와 옥으로 된 띠를 두른 표연한 풍채는 수많은 사람들 중에서 가장 뛰어나 보였다.

한편, 모든 재상이 이 판서를 향하여 여러 가지 좋은 말로 치하하니, 이 판서가 여러 손님들을 이끌고 술을 내어 즐기다가 날이 저물자 파연곡을 아뢰니, 모든 손님이 각각 집으로 돌아갔다. 이 판서가 아들을 데리고 안채로 들어와 저녁밥을 먹은 후 촛불을 켜 놓고 낮을 이어 즐겼다. 그러나 박 소저가 외모가 아름답지 못하여 손님을 접대하기가 부끄러워 깊이 들어 있음을 서운히 여겨, 별로 즐거워하지 않으니, 부인이 의아하여 물어 말하기를,

"오늘, 아들의 과거 본 경사는 평생에 두 번 보지 못할 경사인데, 상공께서는 기색이 좋지 않으시니, 틀림없이 며느리가 이 자리에 없음을 서운히 여겨서 그러시는 모양이니, 어찌 기이하지 않겠사옵니까?"

이 판서가 정색하고 말하기를,

"부인이 아무리 지식이 천박한들 다만 용모만 보고 속에 품은 재주를 생각지 않으시오? 며느리의 도학은 귀신처럼 밝은 것이 옛날 제갈량의 부인 황씨보다 나을 것이요, 덕행은 얌전하고 절개가 곧아서 태사*에 비교할 수 있을 것이니, 우리 집안에는 분에 넘치는 며느리이

---

* 태사 중국 주나라의 문왕의 비. 어진 부인으로서의 덕망이 높았다.

거늘, 부인의 말은 우습지 않소?"

말을 마치고 나더니, 얼굴빛이 매우 좋지 않았다.

이 때, 박 소저가 시가에 온 지 이미 삼 년이 되었다. 하루는, 몸채 대청에 나아가 시부모님께 문안하고 나서 옷깃을 여미고 여쭙기를,

"제가 이 집안에 시집 온 지 삼 년이 되었으나, 친정 소식을 알 수 없으므로, 부모님의 안부를 잠깐 알고 다녀오고자 하오니, 아버님께서는 허락해 주시기 간절히 바라옵니다."

하자, 이 판서가 듣고 크게 놀라 말하기를,

"이 곳에서 금강산이 오백여 리나 되고, 또 길이 험준한데 네 어떻게 가고자 하느냐? 장성한 남자도 가기가 어려운데, 하물며 여자의 몸으로 그런 생각일랑 아예 먹지 말라."

소저가 대답하여 말하기를,

"저도 그런 줄은 알고 있사오나, 부득불 다녀오고자 하오니, 아버님께서는 너무 염려하지 마옵소서."

하고, 뜰에 내려 두어 걸음 가다가 몸을 날려 구름에 올라 삽시간에 금강산 비취동에 다다라 부모님께 재배하고 문안을 드리니, 처사는 이에 소저의 손을 잡고 탄식하여 말하기를,

"너를 시가에 보낸 지 삼 년에 젊은 것의 팔자가 기박함을 슬퍼하였으나, 이는 타고난 팔자에 매인 바요, 사람의 힘으로는 어쩔 수 없는 일이거니와, 이제는 너의 액운이 다하고 행복이 한없이 돌아올 것이다. 이 달 십오일에 내가 올라갈 것이니, 너는 잠깐 다녀가라."

소저는 부모님을 모시고 몇 해 동안 지낸 회포를 풀고 며칠 머물었는데, 처사 부부가 재촉하여 말하기를,

"너의 시아버님이 기다리시니, 빨리 돌아가서 시부모께 뵈어라."

소저는 마지못하여 부모를 하직하고 날 새기를 기다렸다가 다시 구

름을 타고 잠깐 사이에 뒤채로 돌아오니, 계화가 바삐 소저를 맞아 다녀옴을 기뻐했다. 소저는 옷을 갈아입고 몸채 대청으로 들어가 시부모님께 문안하고 다시 꿇어앉아 이 판서에게 여쭙기를,

"제가 돌아올 때 아버님 말씀이 이 달 십오일에 갈 것이니, 너의 시부모님께 아뢰라 하셨사옵니다."

이 판서가 고개를 끄덕이고 나더니, 집안 사람들에게 분부하여 술과 안주를 갖추어 놓고 처사가 오기를 기다렸다. 과연 십오일에 이르러 달빛이 밝고 맑은 바람이 솔솔 부는데, 홀연히 공중에서 학 소리 나면서 처사가 구름을 타고 내려왔다. 공이 황망히 마당에 내려서서 처사를 맞이하여 방에 들어와 예를 마치고 자리를 잡고 앉으니, 시백도 또한 처사를 향하여 절을 하고 나서 여러 해 동안의 문안을 여쭈었다. 시백의 풍채가 아주 잘생겨서 참으로 일대의 영웅 호걸이었다. 처사가 귀히 여겨 시백의 손을 잡고 이 판서를 향하여 말하기를,

"아드님이 뛰어난 재주로 벼슬길에 올라 월계꽃의 첫 가지를 꺾어 홍문관에 참예하니, 존귀한 집안에 이런 경사가 없음을 아오나, 제가 천성이 졸렬하여 이 판서께 치하를 베풀지 못하였더니, 금년에 딸년의 액운이 다하여 지금 저의 흉한 용모를 벗을 기한이 되었으므로, 제가 사돈댁에 와서 현명한 사위의 과거에 장원한 경사를 치하하고, 아울러 딸년을 보고자 왔사옵니다."

이 판서는 처사의 말 속에 무슨 일이 풀릴 실마리가 있음을 짐작하고 기쁨을 이기지 못하였다. 주인과 손님은 술을 주거니 받거니 하면서 정회를 풀면서 밤이 깊어 가는 줄도 깨닫지 못했다. 문득 닭 울음 소리가 요란하게 울리자, 비로소 이 판서는 잠자리에 들어가 편히 쉬고, 처사는 소저의 침소로 들어가니, 소저는 급히 마당에 내려서서 부친을 맞이하여 절을 하고, 그 동안의 문안을 했다. 처사는 기꺼이 소저의 손을 잡고 대청으로 올라가 남쪽을 향하여 소저를 앉히고 기쁜 듯이 웃으면

서 말하기를,

"금년은 너의 액운이 다하였도다."

하고, 주문을 외우면서 소매를 들어 소저의 얼굴을 가리키니, 그 흉하던 얼굴의 허물이 순식간에 벗어지고, 옥처럼 아름다운 모습의 미인이 되었다. 처사가 웃으면서 말하기를,

"내 이 허물을 가져가고자 하나, 의혹을 없앨 길이 없을 것이니, 시부께 말씀하여 궤를 얻어다가 그 속에 넣고, 시어머니와 사위에게 보여 의심을 풀게 하라. 오늘부터 이별하면 앞으로 칠십 년이 지나야 너와 내가 다시 만나 다하지 못한 정회를 풀 것이다."

하고, 말을 마치고는 바깥채에 내려가 이 판서와 이별하면서 말하기를,

"앞으로 어려운 일이 있거든 며느리더러 물으소서."

하고, 마당에 내려서서 두어 걸음 나가더니 어디로 갔는지 자취를 알 수 없었다. 이 판서가 신기하게 여겼다.

이튿날, 계화가 이 판서를 찾아가 아뢰기를,

"어제 처사께서 다녀가신 후로 우리 소저의 얼굴을 가리고 있던 허물을 벗겨 주시어 만고에 없는 절색 부인이 되었사오니, 이런 신기한 술법이 없사옵기로 대감님께 아뢰옵니다."

이 판서가 이 말을 듣고 기쁨을 이기지 못하여 급히 후원에 들어가 보니, 과연 아름다운 소저가 되어 있었다. 소저는 마당에 내려서서 이 판서를 맞이하는데, 공의 눈이 황홀하여 아무 말도 못하고 섰으니, 소저가 공손히 여쭙기를,

"제가 전생의 업보가 매우 무거워 흉한 허물을 쓰고 세상에 나와 수십 년 동안에 액운을 다 채웠으므로, 하늘이 저의 신세를 가엾게 여기시어 친정 아버님을 시켜 본 모습을 주라고 하셔서, 어제 아버님이 오시어 제 얼굴을 회복해 주시고 돌아가셨습니다. 아버님께서는 의심하지 마옵소서."

이 판서가 듣기를 다하고 반신반의하여 소저를 자세히 보니, 절세 가인이었다. 마음 속으로 괴이하게 생각하면서 잠잠히 말을 못하고 서 있었다. 소저는 시아버지가 의심하는 것을 보고, 이미 벗은 허물을 드리자, 공이 보니 과연 틀림없었다. 그제서야 소저를 향하여 말하기를,

"네 아름다운 본 모습이 돌아왔으니, 네 시어미와 아들이 기뻐하리라."

하고, 몸채로 나오려고 하니, 소저가 이 판서께 여쭙기를,

"궤 하나를 주시면 이 허물을 넣어 두었다가 시어머님과 서방님의 의혹을 풀고자 하나이다."

이 판서가 기꺼이 허락하고 바로 바깥채로 나와서 궤를 하나 얻어 들여보내니, 소저는 자기의 허물을 궤 속에 넣어 두었다.

이 때, 이 판서가 안채로 들어가 부인과 아들에게 박씨의 모습이 바뀐 사실을 말하니, 부인이 믿지 않고 말하기를,

"세상에 어찌 그런 괴이한 일이 있겠습니까?"

하고, 몸종을 시켜 소저를 부르니, 소저가 엎드려 여쭙기를,

"제가 추악하게 생긴 모습은 생각지 않고 존귀한 집안에 들어온 지 팔년 동안에 시어머님께 불효 막심했사오며, 스스로 팔자를 한탄하고 있었는데, 전생의 업보가 다하였기로 친정 아버님이 오시어 저의 본 모습을 찾아 주시고 가셨습니다. 벗은 허물은 궤 속에 넣어 두었다가 시어머님과 서방님께 뵈어 드리어 의심을 풀고자 하였사옵니다."

말을 마치고 계화를 시켜 궤를 가져오라 하여 허물을 내어 드리니, 부인이 허물을 보고 의심을 풀어, 비로소 사랑하는 마음이 우러나 소저의 손을 잡고 사랑함이 친딸보다도 덜함이 없었다.

이 때, 상감께서는 이시백의 재주와 덕을 사랑하시어, 벼슬을 높여 병조 판서에 제수하셨다. 시백은 임금의 은혜에 사례하고 집에 돌아와 이 판서를 뵈었다. 이 판서는 말하기를,

"너의 아내가 지금 어떠하더냐?"

시백이 황공하여 대답하지 못하자, 이 판서가 다시 말하기를,

"사람의 영예나 치욕, 또는 세상 돌아가는 이치는 헤아릴 수 없는 것이다. 너는 지난 일을 생각지 못하느냐? 이제, 무슨 면목으로 처를 보겠느냐?"

시백이 황공하여 잠잠히 앉아 있다가 날이 저물자, 다시 박씨 처소로 들어가니, 소저는 등불을 밝히고 얼굴빛을 엄정히 하고 앉았으니, 시백이 감히 말 한 마디도 못 하고 박씨가 말하기를 기다리다가 밤이 깊은 후에 시백이 먼저 말하기를,

"내가 어리석어 사리에 어두운 탓으로 부인의 외모가 아름답지 못한 것을 싫어하여 여러 해 동안 박대하였더니, 하늘이 나의 처복을 도우시어 소저의 본 모습이 되돌아와 천고의 미인이 되었으니, 내가 후회스러워 소저를 상대할 면목이 없으나, 부인의 도리는 남편의 뜻을 순순히 따르는 것이니, 부인은 이를 생각하여 나의 허물을 용서하오."

소저는 발끈 화를 내어 얼굴빛을 변하면서 말하기를,

"제가 비록 인물이 흉하기는 하였으나, 시가에 들어온 후로 시부모님을 효성으로 봉양하고, 당신에게 순종하여 쫓겨날 만한 큰 죄를 저지른 일이 없었거늘, 당신의 구박이 매우 심하고, 한갓 얼굴이 아름다운 여자만을 좋아하시니, 다시는 나 같은 사람은 생각지 마소서. 훌륭한 집안의 아름다운 여자를 데려다가 한평생 행복하게 사시고, 나는 조금도 생각지 마소서."

시백은 듣기를 다하고 스스로 부끄러우나, 이는 모두가 자기의 허물이었다. 어떻게 해서든지 소저의 마음을 돌이키려고 밤이 다하도록 천만가지로 애걸하며 무릎이 닳도록 사죄하니, 소저의 현숙한 덕성으로 시백의 지성을 보고 어찌 감동하지 않으리요?

소저는 미소를 짓고 시백을 향하여 너무 지나치게 말했다고 사과했다. 그리고 밤이 깊도록 이야기를 나누자 두 사람의 온화한 기운이 가득해졌다. 시백과 소저는 잠자리에 들어가 비로소 부부의 정을 나누었다. 시백의 부부가 화합하여 정을 나눈 지 몇 달이 못 되어 태기가 있더니 쌍둥이 아들 형제를 낳았다.

이 때, 명나라 남경이 요란해지더니, 가달 등이 변경을 침입하므로, 뒤숭숭하고 어지러운 소문이 상감께 이르니, 상감께서 깊이 근심하시어 이시백을 정사*에 임명하여 말씀하시기를,

"경의 마음에 맞는 사람을 군관으로 정하여 날짜를 잡아 출정하라."

하시니, 이시백은 임경업*을 군관으로 정하겠다고 아뢰었다. 이시백이

---

* 정사(正使) 사신 중에서 주가 되는 사람.
* 임경업(林慶業) 조선 인조 때의 명장(1594~1646). 병자호란 때 공을 세웠으나 모반 사건으로 옥사함.

백마산성을 지킨 임경업

임경업을 정사 군관으로 삼아 같이 남경에 이르니, 이 때 명나라 천자는 조선 사신의 이름을 듣고 황자명을 접빈사로 삼아 맞이하게 했다. 이시백은 임경업과 함께 접빈사를 따라 대궐 안으로 들어가 천자께 사배하고 표문을 올리니, 천자께서 보시고 좌우의 신하에게 명하여 조선 사신을 모시고 예부에 가서 잔치를 베풀라고 했다. 그 때 마침 북방의 오랑캐 나라의 사신이 와서 보고서를 올리기에 천자께서 보시니, 거기에는 대강 이런 내용이 씌어 있었다.

가달의 세력이 강해져서 호국의 국경 지대를 침노하매, 군사가 강하여 거의 패망할 지경을 당했으므로, 윗나라에 위급함을 알리오니, 급히 군사와 말을 동원하시어 한 나라의 생령을 구하여 주옵소서.

천자는 깊이 근심하시어 호국에 보낼 장사를 택하고자 하시자, 접빈사 황자명이 아뢰어 말씀드리기를,
"조선 정사 군관 임경업의 얼굴을 보니, 비록 외국 인물이오나 용맹과 지략을 갖추어 가히 가달을 물리칠 만하오니, 이 사람을 청병 대장으로 정함이 마땅할까 하옵니다."
천자께서 들으시고, 이시백을 가까이 오라 하여 보시고 임경업의 사람됨을 물으시니, 이시백이 아뢰기를,
"임경업이 약간 지략이 있사오나 이런 중대한 임무를 감당하지 못할까 하옵니다."
명나라 천자는 이시백이 겸양하는 뜻으로 하는 말이라 여기어, 임경업을 수군 병마 대원수에 임명하고, 상방 참마검을 주고, 명령을 어기는 자가 있거든 먼저 목을 베고 후에 보고하라고 하면서 삼만 군사를 징발하여 주니, 임 원수는 천자의 은혜에 사례하고 물러나와 장병들에게 군사 훈련을 시킨 다음, 대군을 거느리고 며칠 만에 호국에 이르렀

다. 국왕은 임경업의 인물이 웅장함을 보고 크게 기뻐하여 바삐 맞아 가까이 올라오라 하여 귀한 손님으로 대접하고, 가달이 강하고 번성하다고 말하니, 임경업이 말하기를,

"대왕은 근심하지 말라. 내가 비록 재주는 없으나 가달을 단번에 무찌르리라."

하고, 대군을 거느리고 적군과 싸워 삼십여 합에 이르되 승부가 나지 않더니, 임 원수가 큰 소리를 한 번 지르면서 긴 팔을 뻗어 가달을 사로잡아 본진으로 돌아왔다. 호왕은 문무 신하들을 거느리고 임 원수를 맞아 윗자리에 앉히고 큰 잔치를 베풀어 즐기는데, 임 원수는 장수의 지휘대에 높이 앉아 군사에게 호령하여 가달을 잡아들여 뜰 아래 꿇어앉히고 죄를 조목조목 따져 말하기를,

"네가 아무리 무지한 오랑캐라 한들, 군사의 강대한 것만 믿고 남의 나라를 침범한단 말이냐?"

하자, 가달이 땅에 엎드려 사죄하면서 말하기를,

"저희 나라가 하늘의 뜻을 모르고 호국을 침범하와 장군께 죽을 죄를 지었사오나, 목숨을 살려 주시면 다시는 배반할 마음을 먹지 않고 호국을 큰 나라로 섬겨 복종하리니, 장군께서는 용서해 주시옵기 바라옵니다."

임 원수는 좌우 부하에게 명하여 가달을 묶어 놓은 것을 풀어 주게 하고, 장수의 지휘대에 올라오게 하여 잔을 주어 위로하면서 말하기를,

"그대의 말을 들으니, 지난 일을 뉘우치는 듯하므로 모든 죄를 용서해 주는 것이니, 다시는 망령된 마음을 먹지 말 것이며, 하늘의 도를 어기지 말고 한 나라의 부귀를 누리도록 하시오."

하자, 가달이 사례하여 말하기를,

"죽을 죄를 용서해 주시고 이렇듯 너그러이 대접해 주시니, 이 은혜는 죽어도 잊지 않겠사옵니다."

하고, 임 원수를 향하여 백배 사례하고 호왕과 하직 인사를 하고 나서, 나머지 군사를 이끌고 본국으로 돌아갔다.

호왕이 임 원수를 향하여 크게 칭찬하여 말하기를,

"조선에 이런 명장이 있음을 과인은 몰랐도다."

하시고, 금은을 많이 내려 주시니, 이시백과 임경업이 사은하고 바로 떠나 여러 날 만에 서울에 이르러 대궐에 들어가 상감께 재배하고 임경업의 이름을 아뢰었더니, 상감께서 크게 기뻐하시면서 말씀하시기를,

"임경업이 남경에 갔다가 이런 큰 공을 이루어 이름을 삼국에 진동하게 하니, 기쁜 일이로다."

하시고, 벼슬을 높여 주시니, 임경업이 머리를 숙여 사례하였다.

한편, 호왕이 이시백과 임경업을 보내고 나서 한탄하여 말하기를,

"내가 조선을 쳐서 항복받아 우리 나라의 위엄을 빛내고자 하였는데, 뜻밖에도 가달로 인하여 임경업을 보니, 그 위세가 장엄하므로 감히 조선을 경솔히 침범하지 못할 것이로다."

말을 하고 나서 매우 즐겨하지 않으니, 공주가 곁에 있다가 여쭙기를,

"부왕께서는 염려 마소서. 신이 마땅히 조선에 들어가 이시백과 임경업을 없애고 오겠사옵니다."

호왕이 기뻐하면서 말하기를,

"네 지략이 뛰어나고, 수많은 대장부일지라도 능히 당해 내지 못할 용맹이 있음을 아는 바이니, 어찌 이시백 한 사람을 근심하리요?"

하고, 남자 옷 한 벌을 입히고, 세 치 되는 비수를 주니, 공주는 호왕께 하직하고 길을 떠날 때 모후가 말하기를,

"너는 모름지기 조선 땅에 들어가거든 의주와 평양 등의 여러 곳의 말소리를 배우고, 조선 사람의 행동 거지를 배운 뒤에 평양 성중에 들어가 이시백의 집을 찾아가 동정을 비밀히 살펴, 부디 남이 모르게

이시백을 죽이고, 돌아오는 길에 의주에 이르러 임경업을 마저 없애버리고 돌아오되, 부디 일을 신중히 해치워 큰 공을 이루라."

공주는 어명을 받들고 바로 길을 떠나 조선을 향하여 들어가 여러 날 만에 서울에 이르러 이시백의 집을 찾아갔다.

이 때, 박 소저는 어느 날 몸채 대청에 나아가 저녁 문안을 마치고 침실에 들어왔다. 판서가 밤이 깊어 들어오거늘, 소저가 판서를 맞아 자리잡고 앉으니, 판서가 아들을 무릎 위에 앉혀 놓고 희롱하면서 소저와 함께 이야기를 했다. 밤이 이슥하여 계화가 이부자리를 깔아 놓고 물러가자, 비로소 소저가 판서를 향하여 말하기를,

"내일 해가 진 뒤에 여자 한 사람이 강원도 원주 기생 설중매라 일컫고 당신의 서재로 올라올 것입니다. 만일 그 계집의 아리따운 얼굴에 반하여 당신의 침실에 가까이하신즉 밤중에 큰 화를 당할 것입니다. 그 계집더러 이리이리 말씀하시고, 제 침소로 들여보내시면 제가 마땅히 이리이리할 것이니, 당신은 제 말을 예사로이 듣지 마시어 큰 일을 그르치지 마소서."

하거늘, 판서가 웃으면서 말하기를,

"부인의 말씀이 우습도다, 장부가 어찌 한낱 조그만 계집의 손에 몸을 바치리요?"

소저는 눈썹을 찡그리고 말하기를,

"당신이 제 말을 믿지 않으시거든, 그 계집을 후원으로 들여보내시고 당신이 그 뒤를 좇아 후원으로 들어오시어 그 계집이 말하는 것을 살펴보시면 그 사실을 아시게 될 것입니다."

판서가 그렇게 하겠다고 말하고 소저와 같이 밤을 지냈다. 이튿날, 몸채 대청에 가서 문안하고 조정에 들어가 공사를 처리하고 나서 날이 저문 후에 집으로 돌아왔다. 집에는 손님들이 모여 있어서 술을 마시면서 즐기다가 날이 저물자 각각 돌아갔다. 판서는 저녁밥을 먹은 후, 서

재에 들어가 한가로이 앉아 있는데, 과연 밤이 깊은 후에 한 여자가 문을 열고 완연히 들어와 재배하거늘, 판서가 눈을 들어 살펴보니, 그 계집의 나이는 스물은 되어 보이고, 얼굴은 백옥 같으니, 곱고 아리따운 절세 가인이었다. 판서가 놀라면서 말하기를,

"너는 어떤 계집인고?"

그 여자가 말하기를,

"소녀는 원주 사는 설중매라 하옵니다. 상공의 위풍이 시골까지 유명하기로 소녀는 평생에 상공의 풍채를 사모하와 한 번 제 방에 모시고자 하와 험한 길을 무릅쓰고 올라왔사오니, 바라옵건대 상공은 어여삐 여기심을 바라옵니다."

판서가 말하기를,

"네 말이 기특하나, 서재에는 외부 사람이 많이 있으니, 후원 부인의 처소에 들어가 있으면 밤이 깊은 후에 손님들이 모두 흩어지거든 너를 부르리라."

하고, 안채 시녀를 불러 후원으로 인도하여 보내니, 설중매는 부인의 처소에 들어가 박씨에게 인사를 하니, 박씨는 웃으면서 말하기를,

"너는 바삐 올라오라."

하니, 설중매는 사양하지 않고 들어왔다. 소저는 자리를 내주어 앉으라 하고, 계화더러 술과 안주를 가져오라 하여 산호 쟁반에 부운주를 가득 부어 주자 설중매가 말하기를,

"제가 본디 술을 먹지 못하오나, 부인이 주시는데 어찌 사양하겠사옵니까?"

하고, 받아 마시기를 계속 네댓 잔을 받으니, 술기운이 돌아 정신이 몽롱하여 술기운을 이기지 못하여 자리에 쓰러져 잠이 들었다. 소저가 그 여자의 자는 거동을 보니, 얼굴에 살기가 은은하여 흉독한 기운이 사람에게 쏘이거늘, 가만히 몸을 뒤지니, 세 치 비수가 들어 있었다. 소저가 그

비수를 집으려 하자, 그 칼이 변화 무궁하여 사람에게 달려들거늘, 놀라서 급히 피하고 주문을 외워 칼을 막아 내고, 잠이 깨기를 기다렸다. 날이 밝은 후에 정신을 진정하여 일어나 앉는 걸 보고 박씨가 말하기를,

"너는 모름지기 바삐 너의 나라로 돌아가라."

하니, 설중매는 말하기를,

"저는 강원도 원주 사는 계집이온데, 부모를 모두 여의고 의지할 곳이 없사와 노래와 춤을 배웠삽거늘 어찌 본국으로 가라 하시나이까? 소저의 높은 이름을 듣고 왔나이다."

박씨는 소리를 높여 꾸짖어 말하기를,

"네, 끝내 나를 업신 여겨 이렇듯 속이니, 어찌 분통하지 않으리요? 너는 호왕의 공주 기룡대가 아니냐?"

기룡대는 기절할 듯이 몹시 놀라더니, 손이 발이 되도록 빌면서 말하기를,

"부인이 신명하시어 제 정체를 아시니, 조금이라도 속이겠사옵니까? 저는 과연 호왕의 공주입니다. 부왕의 명을 받아 이 집에 들어왔사옵니다. 부인의 너그러운 덕택을 입어 목숨을 살려 주신다면 본국에 돌아가 다시는 이런 짓을 않고 평생을 마칠까 합니다."

소저는 말하기를,

"네 본색을 바로 자백하기에 용서하노니, 이 길로 바로 너의 나라에 가서 국왕더러 말하라. 조선에 들어갔더니 병조 판서의 부인 박씨를 만나 정체가 드러나 일을 성사하지 못하고, 박씨의 말이 '네가 잠시라도 머뭇거리면 큰 화를 만날 것이니, 빨리 흩어져 가고, 화를 스스로 당하지 말라.'고 하더라고 해라."

기룡대는 정신이 어지러워 엎드려 죄를 청하여 말하기를,

"바라건대 부인은 저의 죄를 용서하시어 무사히 고국에 돌아가게 해 주시기를 엎드려 바라옵니다."

소저가 말하기를,

"너의 국왕이 분수에 넘치는 뜻을 품고 조선을 침범하고자 하니, 이는 모두가 조선의 운수가 불길한 것이나, 너의 병력이 아무리 강대할지라도 조선을 함부로 침노하지는 못할 것이니, 너는 바삐 돌아가 자세히 말하라."

하고, 다시 술을 권하여 먹이고 나가기를 재촉하니, 기룡대는 머리를 조아려 백 번도 더 사죄한 후 하직하고 나왔다. 그러나 길을 찾지 못하

고 방황하여 사방으로 돌아다니기를 밤이 새도록 하되 나갈 길이 없었
다. 기룡대는 하늘을 우러러 탄식하여 말하기를,

"호국 공주 기룡대가 조선 이시백의 집에 이르러 죽을 줄을 어찌 알
았으리요?"

하고, 탄식하기를 마지않았다. 그 때, 박씨가 나와서 말하기를,

"네 어찌 가지 않고 날이 새도록 그저 있느냐?"

기룡대는 땅에 엎드려 말하기를,

"제가 부인의 덕을 입어 돌아가려 하오나 사면이 층암 절벽이라, 갈
바를 모르오니, 바라건대 부인은 길을 인도하여 주옵소서."

소저가 말하기를,

"너를 그냥 돌려 보내면 틀림없이 임 장군을 해치고 갈 듯싶어, 너로
하여금 나의 수단을 알게 한 것이다."

하였다. 그 때, 박 소저는 공중을 향하여 주문을 외우니, 느닷없이 우레
소리와 번개가 진동하여 비바람이 크게 일어나더니, 기룡대의 몸이 저
절로 날려 순식간에 호국 성중의 내전에 놓이니, 호왕이 크게 놀라 말
하기를,

"우리 아이가 어찌 공중에서 내려오느냐?"

기룡대는 한참 동안이나 지난 후에 겨우 정신을 차려 머리를 흔들면
서 말하기를,

"소녀, 하마터면 부왕을 다시는 뵙지 못할 뻔하였사옵니다."

호왕이 급히 물어 말하기를,

"네 말이 어찌 된 말이냐?"

기룡대는 조선에 들어가 지낸 일의 자초지종을 일일이 아뢰니, 호왕
이 놀라 탄식하면서 말하기를,

"놀랍고 기이하도다. 이시백의 영웅의 재질을 칭찬하였더니, 그 부인
에게 이렇듯 기이한 재주가 있으니, 조선이 비록 작은 나라이긴 하나

유명한 사람이 하나둘 아니라는 것을 가히 알겠도다. 과인이 조선을 쳐서 항복을 받으려고 하는데, 누가 능히 선봉이 되어 큰 공을 이루겠느냐?"

말이 채 끝나기도 전에 뜰 아래에 있는 두 장수가 아뢰어 말하기를,

"신 등이 비록 재주는 없사오나 한 떼의 군사를 주시면 조선을 쳐서 항복받겠사옵니다."

왕이 보니, 이는 대장군 용골대*와 용홀대*였다. 왕이 크게 기뻐하였다. 이에 용골대와 용홀대를 좌우 선봉으로 삼고, 날랜 군사 삼만을 주면서 말하기를,

"이리로 내려가 동쪽으로 돌아서 병자 십이월 십팔일에 서울 도성에 이르되, 부디 약속을 어기지 말라."

하였다. 용골대 형제는 어명을 받들고 군사를 훈련시켜 행군하였다.

한편, 박 부인은 이 판서에게 말하기를,

"기룡대가 돌아간 후 호국 군사의 세력이 강대해져서 군사를 이끌어 조선에 들어와 임경업을 죽이고, 위로 전하를 항복받고자 하여 용골대 형제를 좌우 선봉을 삼아 북으로 돌아 섣달 이십팔일에 동대문을 손 안에 넣고 물밀듯이 들어올 것이니, 전하를 모시고 광주 산성*으로 급히 피하시어 급한 화를 면하옵소서. 그 뒷일은 제가 이 곳에서 다 방비하겠사옵니다."

이 판서의 부자는 본디 박씨의 말을 신령이 하는 말처럼 알기 때문에, 이 말에 순순히 응낙하고 그 때를 기다리고 있었다. 십이월 이십사

---

* **용골대(龍骨大)** 중국 청나라의 장군. 인조 14년에 10만 대군을 거느리고 쳐들어와 병자 호란을 일으켰다.
* **용홀대(龍忽大)** 중국 청나라의 장군. 용골대의 아우.
* **광주 산성(廣州山城)** 남한산성. 경기도 광주군 남한산에 있는 산성. 성내에는 숭렬전, 연무관, 침과정 등이 있음. 높이 2.2m, 둘레 7.2km.

남한산성

일에 이르러 이시백이 아뢰어 말하기를,

"신의 처 박씨의 말이, '이 달 이십팔일 밤에 호국이 북쪽으로 돌아 동대문을 깨치고 들어올 것이니, 전하와 왕대비전과 세자 대군 삼형제를 모시고 광주 산성 안으로 화를 피하시게 하라 하오매, 신이 저의 신명하옴을 아는 고로 전하께 아뢰옵나이다."

상감께서 결단을 내리지 못하시는데, 갑자기 공중에서 한 선녀가 허리에 비수를 끼우고 날렵하게 내려와 뜰 아래에서 전하께 절을 하였다. 상감께서 놀라시어 물어 말씀하시기를,

"선녀는 무슨 일로 이런 누추한 곳에 왕림하느냐?"

그 선녀는 다시 재배하고 나서 말하기를,

"저는 이시백의 부인 박씨의 시비 계화이옵니다. 박 부인이 저더러 말씀하기를, '지금 성상께서 결단을 내리지 못하시니, 네가 급히 들어가 나의 말을 아뢰어, 산성으로 상감의 수레를 옮기시게 하라.' 하였사옵니다. 만일 이 밤을 지체하시면 큰 화가 닥칠 것이니, 박 부인의 말을 어기지 마옵소서."

하고, 표연히 몸을 일으켜 돌아갔다. 상감께서 매우 신기하게 여기시고, 이시백으로 이조 판서에 광주 유수를 시키시어 내전과 세자와 대군을 거느리고 이시백으로 하여금 호위하라 하시고, 나머지 벼슬아치들은 임금의 수레를 호위하여 산성으로 나아갔다. 과연, 백성의 전하는 말을 들으니, 오랑캐 병사가 서울 도성에 들어와 백성을 살해하고, 대궐 안으로 들어가 관원을 죽이며, 재산과 부녀를 탈취하니, 성 안의 모든 백성이 피란을 가느라고 도로를 가득 메웠다고 하는 말을 상감께서 들으시고 크게 놀라 창황하신 중에도 박 부인의 앞일을 내다보는 식견과 충성을 기이히 여기시어 이시백을 불러 무수히 찬양하셨다.

이 때, 용골대는 많은 병사를 거느리고 도성에 이르러 보니, 국왕이 광주로 피란한 사실을 알고 분함을 참지 못하여 용홀대로 하여금 도성

을 지키게 하고, 자기 자신은 철갑 기병 5천을 거느리고 물밀듯 나아가, 송파를 건너 넓은 벌판에 진을 치더니, 산성의 남문을 에워싸고 크게 외쳐 말하기를,

"죽기가 두렵거든 빨리 문을 열고 항복하라."

하였다. 방포 소리가 천지에 진동하며, 무수한 철갑 기병이 사면으로 철통같이 에워싸고 사다리를 놓고 일시에 올라와 성 안을 향하여 총을 쏘니, 철환이 비 오듯 하였다. 상감께서 크게 놀라 어떻게 할 줄을 모르는데, 문득 공중에서 크게 외쳐 말하기를,

"성상께서는 너무 근심하지 마시고 적군과 화친하소서. 용골대는 틀림없이 세자 대군 삼형제를 볼모로 잡아가오리니, 망극하오나, 나라의 위태함을 면하게 하옵소서. 저는 광주 유수 이시백의 아내로소이다. 제가 한 번 나아가 칼을 들면 용골대의 머리와 오랑캐 병사 삼만을 풀을 베듯 할 것이로되, 하늘의 뜻을 어기지 못함이오니, 저의 죄를 용서하여 주옵소서."

상감께서 신기하게 여기시어 뜰에 내려서서 공중을 향하여 무수히 칭찬하시고, 적군과 화친을 맺자고 청하니, 용골대는 화친을 하고 세자 대군과 왕대비전을 데리고 광주에서 떠나갔다.

이 때, 박 부인은 모든 친척과 충신 열사의 집에 연락하여 피화정으로 피신하게 했다.

한편, 용골대의 아우 용홀대는 후원에 들어가 풍경을 두루 구경하다가 한편을 바라보니, 담 밖 수목이 무성한 곳에 수십 칸 초당이 정결하고, 집 안에 한 미인이 다홍치마에 울긋불긋한 저고리를 선명하게 입고, 눈썹에 시름이 가득한 채 서너 살 된 아이를 좌우에 앉히고 희롱하고 있었다. 용홀대가 한 번 보니 정신이 황홀하여 속으로 생각하기를,

"장부가 세상에 났다가 저런 미인을 사랑하지 못하면 어찌 원통하지 않으리요?"

하고, 몸을 일으켜 수백 철갑 기병을 거느리고 그 곳에 이르니, 수목이 일시에 변하여 철갑 기병이 되어 깃발과 창검을 벌여 놓은 듯했다. 점점 나아가 보니, 휘장이 쳐진 방 안에 고운 빛깔이 환하게 빛나고, 진의 문 밖에는 한 미인이 앞을 향하여 크게 꾸짖어 말하기를,

"네, 호국 장사 용골대의 아우 용홀대 아니냐? 네가 본디 오랑캐로서 하늘의 뜻을 모르고 남의 나라를 침범하고, 또 감히 사대부 집안의 부녀자의 방까지 당돌하게 범하니, 너 같은 놈은 죽여 후일에 다시는 이런 일이 없게 하겠다."

하고, 천천히 걸어 달려들면서 말하기를,

"네, 나를 아느냐? 나는 다른 사람이 아니라, 광주 유수 이 공의 부인 박씨의 시비 계화로다. 네가 선봉이 되었다가 나 같은 여자의 손에 목 없는 귀신이 될 터이니, 어찌 불쌍하지 않으리요?"

하며,

"내 칼을 받으라!"

하는 소리가 옥쟁반에 진주 구르듯 했다. 용홀대가 바라보니, 그 미인이 머리에 태화관을 쓰고, 몸에는 붉은 비단옷을 입고, 허리에는 황금빛 띠를 두르고, 손에는 용문자가 새겨진 큰 칼을 들고 우뚝 섰으니, 날아가는 제비 같았다. 용홀대는 정신이 아찔했으나 분함을 참지 못하여 다시 정신을 차려 꾸짖어 말하기를,

"조그마한 계집이 감히 장부를 꾸짖는구나. 내, 너를 잡지 못하면 어찌 세상에 서리요!"

하고, 달려들었다. 계화는 용홀대를 보니, 머리에는 용봉과 쌍학이 새겨진 투구를 쓰고, 몸에는 황금빛 갑옷을 입고, 허리에는 짙붉은 보대를 두르고, 손에는 삼백 근 금강도를 들고 있었다. 서로 싸워 사십여 합에 이르도록 승부가 나지 않았다. 그런데 계화의 칼이 번득이며 용홀대의 머리가 칼빛을 따라 말 아래에 떨어지니, 계화는 그 머리를 칼 끝에

꿰어 들고 좌충우돌하면서 사방으로 달리니, 모든 장졸이 기절할 듯이 놀라 일시에 항복했다. 계화는 용홀대의 머리를 박 부인에게 드리니 부인이 말하기를,

"그놈의 머리를 높은 나무에 달아 두라. 용골대가 제 아우의 머리를 보면 낙담하여 슬퍼할 것이다."

하니, 계화가 분부대로 후원 전나무에 높이 매달아 두었다.

그 후, 여러 날 만에 용골대가 인마를 거느리고 호기 있게 승전고를 울리면서 왕십리를 지나 동대문에 들어오다가 제 아우 용홀대가 박씨의 시비 계화에게 죽음을 당한 소식을 듣고 분기가 폭발하여 바로 박씨가 있는 곳을 찾아가 소리를 벽력같이 질러 말하기를,

"박씨는 어떤 여자이기에 감히 대장을 죽이고, 또 그 머리를 저 나무에 달았으니, 어찌 당돌하지 않으리요? 바삐 나와 내 칼을 받으라."

하고, 달려드니, 박씨는 분기를 참지 못하여 계화를 불러 말하기를,

"네 가서 죽이지는 말고 이리이리하여 간담을 서늘케 하라."

계화가 응낙하고 나오는데, 해와 달과 무궁화가 새겨진 관을 쓰고, 몸에는 붉은 비단에 수를 놓은 옷을 입었으며, 손에는 삼 척 비수를 들고 문 밖으로 내달아 용골대의 거동을 보니, 흉악해 보였다. 계화가 목청을 가다듬어 꾸짖어 말하기를,

"용골대야! 네가 대장으로 조선에 나와서 나 같은 조그마한 여자에게 욕을 보고 돌아가려 하니, 어찌 애달프지 않으리요?"

용골대가 눈을 부릅뜨고 소리를 우레같이 질러 말하기를,

"네 한낱 천한 계집이 감히 대장부에게 모욕을 주기를 능사로 삼느냐? 너를 죽여 내 아우의 원수를 갚으리로다."

하고, 달려들었다. 계화는 용골대를 맞아 십여 합에 이르러 용골대가 계화의 신력을 당하지 못할 줄을 알고 다시 꾸짖어 말하기를,

"네가 내 아우의 머리를 내주면 이 길로 돌아가려니와, 안 내주면 저

피화정을 짓밟아 쑥밭을 만들리라."

계화가 크게 웃어 말하기를,

"네 아무리 용맹이 있다 한들 나는 당하지 못하리라. 네가 세자 대군을 모셔 감은 나라의 운수여서 어쩔 수 없거니와, 왕대비전은 못 모셔 가리니, 빨리 피화정으로 모시게 하되, 만일 순종치 않으면 목숨을 보존하지 못하리라."

용골대는 분노하여 삼백 근 철퇴를 들고 달려들었다. 계화가 쥐었던 칼을 공중에 치뜨리면서 주문을 외우자, 모래와 돌이 날리고, 사면으로 머리는 물고기요, 얼굴은 귀신인 병사들이 에워싸 들어오고, 눈과 비가 크게 내려 순식간에 물이 한 길이 넘었다. 용골대는 손발을 놀릴 수 없게 되자, 혼비백산하여 마침내 애걸하여 말하기를,

"소장이 존엄하신 분을 범하와 죽을 죄를 지었으니, 불쌍히 여기시어 목숨을 살려 주시면 이 길로 본국으로 돌아가고자 하나이다."

계화가 말하기를,

"네가 그러할진대 왕대비전을 이 곳으로 모시라!"

용골대는 황겁히 군사를 불러 왕대비전을 바삐 피화정으로 모셔 오라 하니, 군사는 명령을 듣고 급히 나아가 왕대비전께 피화정으로 가시자고 아뢰니, 왕대비전은 군사의 말을 들으시고 세자 대군 삼형제를 붙드시고 눈물을 흘리시면서 말씀하시기를,

"세 사람은 부디 몸을 조심하여 무사히 돌아오기 바라노라."

하자, 세자 대군 삼형제는 엎드려 눈물을 머금고 하직 인사를 하였다.

왕대비전께서는 군졸의 인도함을 따라 피화정에 이르시니, 박 부인이 급히 내려서서 땅에 엎드려 통곡하여 나라의 불행함을 아뢰고, 계화를 시켜 용골대를 놓아 돌아가게 했다.

한편, 상감께서는 세자 대군을 호나라에 보내시고 늘 불안해하시더

니, 하루는 공중에서 한 선녀가 머리에 해와 달과 국화가 새겨진 관을 쓰고, 몸에는 오색 구름 무늬가 수놓인 비단옷을 입고 완연히 내려와서 땅에 엎드렸다. 상감께서 놀라시어 급히 물으시기를,

"선녀는 뉘시기에 과인의 곳에 이르렀소?"

박씨는 다시 일어나 재배한 후 말하기를,

"저는 광주 유수 이시백의 처 박씨로소이다."

상감께서 놀라시어 말씀하시기를,

"그대의 슬기로운 계략에 늘 탄복했는데, 이제 그대의 모습을 보니, 과인의 마음을 위로하리로다."

하시고, 이시백을 돌아보고 말씀하시기를,

"경이 충성과 절의를 아울러 갖추었기에 저런 부인을 두었으니, 어찌 기특하지 않으리요?"

유수의 벼슬을 돋우어 세자사*를 시키시고, 그 부인 박씨를 정경 부인이라 하시며, 이시백의 부친 이득춘을 보국 숭록 대부 봉조하로 삼으시고, 그의 부인 강씨를 정경 부인에 봉하시니, 이시백이 머리를 숙여 말하기를,

"신은 조금도 공을 세운 일이 없사온데, 분에 넘치는 관직을 주시니, 황공하여 몸둘 바를 모르겠나이다."

상감께서 말씀하시기를,

"경이 나라가 위태하고 어지러운 때를 당하여 과인을 보필하여 충성을 다하고, 경의 부인이 여러 번 과인의 위급함을 구하고, 용골대의 방자함을 꾸짖고 왕대비전을 경의 집에 편히 모셨으니, 이는 과인의 뼈에 사무치는 은혜이거늘, 조그마한 관직으로 어찌 다 갚기를 바라리요?"

---

* 세자사 조선 때 세자시강원의 정1품 벼슬. 영의정이 겸임.

하시고, 이에 대궐로 돌아오실 때 거리거리의 백성이 상감의 수레를 호위하여 맞이하였다.

그리하여 상감께서 대궐 안으로 드시니, 왕대비전이 또한 환궁하시고, 이튿날 모든 벼슬아치들의 축하를 받으신 다음, 모든 죄수를 석방해 주셨다. 왕대비전이 조용한 때를 틈타서 박씨의 은덕으로 피화정에 있다가 돌아오신 것을 세세히 말씀하시고, 상감께서 박씨의 일을 아름다이 여기시어 예부에 어명을 내려 충신문을 세우게 하시고, 피화정 옆에 한 채의 집을 세우되, 이름을 '일가정'이라 하시고, 상감께서 해마다 한 차례씩 춘삼월에 거동하시어 아름다운 꽃과 버들을 구경하시었다.

그 후, 이시백의 공덕을 아름다이 여기시어 이시백을 의정부 우의정에 대광 보국에 임명하시고, 부인 박씨를 충렬 정경 부인에 봉하신 후 이시백과 박씨에 대해 못내 탄복하셨다.

이럭저럭 세자가 호나라에 간 지도 삼 년이 되었다. 왕대비전과 상감께서 소식을 몰라 밤낮으로 근심하시더니, 한 신하가 나아가 아뢰어 말하기를,

"신이 비록 재주는 없사오나 호나라에 가서 세자 대군 삼형제를 모시고 올까 하나이다."

상감께서 보시니, 의주 부윤 임경업이었다. 상감께서 기뻐하시어 임경업을 병조 판서에 훈련 대장을 겸하게 하시고, 정사를 삼으시어 그날 바로 떠나라 하셨다. 경업이 재배하고 사은한 다음 상감께 하직 인사를 하고 위의를 갖추어 몇 달 만에 호나라에 이르러 황문 시관에게 알리니, 황문이 호왕에게 조선국 사신이 왔음을 아뢰자, 호왕이 들어오라 하였다. 임경업이 들어가 재배하니, 호왕이 기뻐하면서 말하기를,

"경이 수천 리 험한 길을 어찌 왔느뇨?"

경업이 말하기를,

"신이 온 것은, 다름이 아니오라, 조선 왕이 예물을 갖추어 왕께 드리
고, 아울러 세자궁 삼형제를 돌려 보내시기를 바라기 때문이옵니다."
하고, 금은 보배 등, 갖은 재물과 표문을 올리니, 호왕이 표문을 보니,
말씨가 온공하고 예물이 욕심에 차는지라, 매우 기뻐하고 웃으면서 말
하기를,

"조선 왕이 가히 예를 아는 임금이로다."
하고 대군 삼형제를 돌려주자 임경업이 즉시 호왕을 하직하고 세자 대
군 삼형제를 모시고 여러 날 만에 서울에 이르러 상감께 보고하자, 상
감께서는 먼 길에 무사히 돌아온 것을 기뻐하셨다.

이 후, 상감께서 편찮으시어 구월 초순에 승하하셨다. 온 조정이 상사
를 치른 후 세자가 즉위하시니, 그 때의 나이가 열아홉 살이었다. 세상이
태평하여 길에 떨어진 물건을 주워 가는 사람이 없고, 산에는 도적이 없
어졌으며, 밤에는 문을 닫지 않고, 거리마다 백성들은 격양가를 불렀다.
이시백이 이러한 태평 시절에 한 나라의 재상이 되어 모든 일을 잘
다스려 사시사철 평화롭게 하고, 백성을 인의로 인도하니, 공의 이름이
온 나라에 떨쳤다. 그의 아들 희인 형제는 과거에 급제하여, 하나는 평
안 감사를 하고, 하나는 송도 유수를 하였는데, 두 사람의 나라 다스림
이 청백했다. 자손이 각각 십여 명이었는데 모두들 아름답고 똑똑했다.
늙은 승상은 그들이 눈앞에서 재롱을 부리는 것을 보면서 세상을 살아
갔다. 늙은 승상이 우연히 병을 얻어 일어나지 못하고 별세하니, 승상
부부는 너무나 슬퍼하여 밤낮으로 애통해 마지않았다. 그 후 대부인이
뒤이어 별세하니, 그 때의 나이는 여든세 살이었다.
상감께서 들으시고 슬퍼함을 마지않으시어 예관을 보내어 제사를 지
내게 하시고, 공을 가까이 부르시어 용모가 노쇠해진 것을 보시고 매우
근심하시어 위로하며, 말씀하시기를,

"경의 괴로운 직책을 갈아 봉조하를 시키나니, 조회에 참예하지 말고 집에 한가히 있어 자손의 영광과 효성을 받으라."

하시었다. 공은 대궐에서 물러나 집에 돌아와 일가 친척을 초청하여 여러 해 동안 그리던 정을 풀었다. 공이 부인과 함께 완월대에 올라 자손을 좌우에 앉히고 술잔을 주고받으면서 즐기고 있을 때, 공이 스스로 잔을 잡아 두 아들에게 주면서 말하기를,

"내 소년 시절의 일이 어제 일 같더니, 어느 사이에 여든을 지나니, 세상 일이 한낱 봄꿈이구나. 우리 부부의 세상 연분이 다했으므로 장차 너희들을 영원히 이별하고자 하니, 너희 두 사람은 조금도 서러워 말고 자손을 거느리고 길이 영화와 부귀를 누리기 바라노라."

말을 마치고 나서 안색이 매우 좋지 않은 것을 보고 두 아들이 황공하여 얼굴빛을 고쳐 사죄하고 다시 모시니, 공이 모든 손자를 하나하나 불러 보고 상을 물리라 하였다. 부부 두 사람이 잠자리를 똑바로 깔아 놓고 세상을 떠났다.

상감께서 들으시고 또한 슬퍼하시어 예관을 보내어 제사를 지내게 하고, 부의를 두터이하시며, 시호를 문충공이라 하시고, 박씨 부인은 충렬 부인이라 높여 봉해 주시었다. 계화도 뒤이어 죽으니, 이조 판서 형제가 더욱더 서러워하고, 상례를 차려 입관하고 복을 입은 다음, 좋은 날을 잡아 선산에 장사지내고, 판서 형제는 밤낮으로 여막*에서 효성으로 삼 년을 지냈다. 후에 상감께서 그 충효를 아름다이 여기시어 다시 이조 판서의 중요한 직책을 맡기시니, 공의

형제는 기특한 충성으로 임금을 섬겨 벼슬이 1품에 이르고, 자손이 대대로 충효를 다했다.

---

* 여막(廬幕) 무덤 근처에 지어 놓고 상제가 거처하던 집.

부록

작품 스터디

● **춘향전**　〈춘향전〉은 작자와 연대 미상의 판소리계 소설로 오늘날까지 널리 읽혀지고, 영화로 재창작되는 등 확고 부동한 가치를 인정받아 오고 있는 고전 작품이다. 판소리계 소설은 대부분 설화에서 유래했다고 알려져 있으며 구전으로 전해졌기 때문에 정확한 작자와 연대를 알 수 없다. 현재까지 알려진 이본만 해도 무려 120여 종에 이르며 제목도 각기 다르다. 〈춘향전〉, 〈별춘향전〉, 〈열녀춘향수절가〉, 〈남원고사〉, 〈옥중화〉 등의 여러 이름으로 불리고 있으며 단일 작품이 아닌 '춘향전군'으로 보는 것이 타당할 것이다.

숙종 임금 초에 전라도 남원에 사는 퇴기 월매는 성 참판과의 사이에서 춘향이를 낳는다. 춘향은 용모뿐 아니라 시서에도 뛰어나 많은 사람들의 관심을 받으며 자라난다. 남원 부사의 아들 이몽룡은 단오날 광한루에 갔다가 그네를 뛰고 있는 춘향의 모습을 보고 첫눈에 반하게 된다. 방자를 시켜 춘향을 불러온 몽룡은 그 날 밤, 춘향의 집에 찾아가고 그 어머니 월매에게 춘향에 대한 마음을 말한다. 두 사람은 정을 나누고 백년 해로할 것을 약속한다. 얼마 후 몽룡의 아버지가 한양으로 돌아가게 되자 몽룡도 남원을 떠나지 않을 수 없게 되었다. 두 사람은 다시 만날 것을 기약한다.

이 때 남원에는 변 학도가 부임해 오는데 춘향의 소식을 듣고 불러 내어 수청을 강요한다. 춘향은 죽음을 각오하고 완강히 거절한다. 끝내 옥에 갇힌 춘향은 변 학도의 생일 잔치에서 처형될 운명에 처한다. 한편 몽룡은 서울로 올라가 과거에 장원 급제하고 암행 어사가 되어 남원으로 내려온다. 그 길에 춘향의 처지를 듣게 되고, 변 학도의 생일 날 성대한 잔치가 벌어진 자리에 출두하여 변학도를 파직하고 춘향과 다시 만난다. 두 사람은 한양으로 올라가서 행복하게 살아 간다.

● **심청전** 〈심청전〉은 〈춘향전〉, 〈흥부전〉과 함께 판소리계 소설의 3대 작품 가운데 하나이다. 〈심청전〉 역시 작자와 연대는 알려지지 않으며 그 이본 또한 매우 많다. 줄거리는 다음과 같다.

심학규는 집안 사정이 곤궁하고 앞을 보지 못하나 양반의 후손으로 행실이 청렴하여 사람들이 군자로 일컫는다. 그 부인 곽씨도 심성이 착해 각종 품팔이로 집안을 이끌어 나간다. 어느 날 부인이 딸을 낳고 죽게 되자 심 봉사 혼자 심청을 키운다. 하루는 몽운사 주지가 물에 빠진 심 봉사를 구해 주며 공양미 삼백 섬을 부처님께 바치면 눈을 뜰 수 있다고 하자 심 봉사는 덜컥 약속을 하고 날마다 근심만 한다. 심청이 아버지의 사정을 알게 되고 그 돈을 구하기 위해 남경으로 가는 상인들에게 몸을 팔기로 한다. 약속한 날 심청은 제물이 되어 인당수에 빠진다. 하지만 효성에 감동한 옥황 상제가 다시 그녀를 연꽃에 싸서 지상으로 올려 보내고 국왕에게 바쳐서 왕후가 된다. 심청은 아버지를 만나기 위해 맹인 잔치를 벌이고 그 자리에서 심청이와 재회한 심 봉사는 눈을 뜨게 된다.

● **박씨전** 〈박씨전〉은 병자호란을 배경으로 한 군담 소설이다. 작자와 연대를 알 수 없으며, 역사적 사실에 설화의 요소가 첨가되었다. 주인공이 여성 영웅인 점이 특이하다.

조선 인조 때 이름난 재상인 이득춘은 자녀가 없어 열심히 기도를 하던 중 태몽을 꾸고 부인은 아들 시백을 갖게 된다. 아들이 태어날 때 하늘에서 소리가 있어 그 아이의 짝을 정해 주니 훗날 그 말을 따라 박 처녀와 혼인하게 된다.

박씨 부인은 남편에게 소박을 맞으면서도 뛰어난 기백과 재주로 청나라의 침입을 막고 나라를 구한다. 그 뒤 얼굴의 허물을 벗고 미인이 된 박씨 부인은 시백과 함께 나라에 충성을 다한다. 후에 자녀들도 충성을 다하여 충효의 집안으로 이름을 날린다.

논술 가이드

〈춘향전〉의 한 대목입니다. 제시문을 읽고 다음 문제에 답하시오.

[문항 1]

> "기생을 다 조사해도 춘향은 안 부르니, 퇴기냐?"
>
> 수노가 여쭈되,
>
> "춘향의 어미는 기생이되, 춘향은 기생이 아니옵니다."
>
> 사또 묻기를,
>
> "춘향이가 기생이 아니면 어찌 규중에 있는 아이 이름이 높이 떴느냐?"
>
> 수노가 대답하기를,
>
> "원래 기생의 딸인데, 덕과 용모와 자태가 훌륭해서,
>
> (중략)
>
> 춘향이도 그리 알고 수절하고 있사옵니다."

(1) 윗글에서 변 학도는 기생의 수효를 조사하게 합니다. 여기에서 엿볼 수 있는 변 학도의 속마음을 무엇일까요? 각자의 의견을 말해 봅시다.

----

(2) 옛 법에 따르면 어머니가 기생인 여자는 관아에 기생으로 이름을 올리게 되어 있습니다. 그렇다면 수절을 지키는 춘향이의 행동은 올바른 것일까요? 각자의 의견을 말해 봅시다.

〈춘향전〉의 한 대목입니다. 제시문을 읽고 다음 문제에 답하시오.
[문항 2]

"(전략) 서방님, 내 말 들으시오. 내일이 본관 사또 생일이라 취중에 술주정이 일어나면 나를 올려 칠 것이오. 매맞은 다리에 장독이 났으니 손발인들 놀리겠소. 어지러이 흐트러져 가닥가닥 드리워진 머리, 이렁저렁 걷어 엊고 이리 비틀 저리 비틀 들어가서 매맞아 죽거든 삯꾼인 채 달려들어 둘러업고, 우리 둘이 처음 만나 놀던 부용당의 쓸쓸한 곳에 뉘어 놓고, 서방님이 손수 염습하되, 나의 혼백 위로하여, 입은 옷은 벗기지 말고 양지 쪽에 묻었다가, 서방님 귀하게 되어 벼슬을 하시거든 한때도 두려 말고, 함경도에서 나는 긴 베로 다시 염을 하여 조촐한 상여 위에 덩그렇게 실은 후에 북망 산천 찾아갈 제, 앞 남산 뒷 남산 다 버리고, 한양으로 올려다가 선산 발치에 묻어 주고, 비문에 새기기를 '수절원사춘향지묘'라고 여덟 자만 새겨 주오. 망부석이 안 되겠소? (후략)."

(1) 윗글에서 춘향이는 이몽룡을 향해 자신이 죽거든 자신의 무덤을 남원이 아닌 한양에 올려 달라고 부탁합니다. 여기에서 드러난 춘향의 속마음은 무엇인지 살펴보고 춘향에 대한 각자의 생각을 말해 봅시다.

- -

- -

(2) 신분을 뛰어 넘은 춘향과 몽룡의 사랑을 보고 두 사람의 사랑에 대한 각자의 생각을 말해 봅시다.

- -

- -

- -

〈심청전〉의 두 대목입니다. 제시문을 읽고 다음 문제에 답하시오.

[문항 3]

> "팔자가 기박해서, 저 낳은 지 이레 만에 어머님께서 세상을 버리시고, 눈이 먼 늙은 부친이 저를 안고 다니시면서 동냥젖을 얻어먹여 근근히 길러내어 이만큼 되었습니다. (중략) 그러나 부인의 은혜로 제 팔자는 지체가 높고 고귀하게 되나, 눈먼 제 부친의 사철 의복과 아침 저녁 공양은 누가 하겠습니까? 길러 내신 부모의 은덕은 사람마다 있습니다만, 저는 더욱더 부모의 은혜를 비할 데가 없으니, 슬하를 한시라도 떠날 수가 없습니다."

> "나보고 묻지도 않고 마음대로 한단 말이냐. 네가 살고 내가 눈 뜨면 그것은 응당 좋으려니와, 네가 죽고 내 눈 뜨면 그게 무슨 말이 되겠느냐? (중략) 눈을 팔아 너를 살지언정, 너를 팔아 눈을 산들 그 눈 떠서 무엇하랴. 무슨 놈의 팔자가 아내 죽고 자식까지 잃는단 말이냐? 네, 이 뱃놈들아! 장사도 좋지만, 사람 사다가 제물로 넣는 걸 어디서 보았느냐. (후략)"

(1) 위 두 글을 읽고 심청이가 심 봉사를 혼자 두고 상인에게 팔려 가는 행동이 올바른 것인지 아닌지 소설의 주제인 효를 생각하며 각자의 의견을 서술해 봅시다.

----

(2) 여러분이 생각하는 효는 어떤 것입니까? 자신이 심청이라면 어떤 선택을 했을까요? 각각 말해 봅시다.

〈박씨전〉의 두 대목입니다. 제시문을 읽고 다음 문제에 답하시오.

[문항 4]

이윽고 신부가 들어오기에 시백은 일어나 맞이하여 자리잡고 앉은 다음, 눈을 들어 신부를 보니, 키는 거의 칠 척은 되고, 퍼진 허리는 열 아름은 되며, 높은 코와 내민 이마며 둥근 눈방울이 끔찍이 흉하고, 손발을 절며, 얼굴빛이 검고, 두 어깨에 쌍혹이 늘어져 가슴을 덮었다. 시백은 그 흉악한 용모를 보니, 혼백이 날아가고, 또 신부의 몸에서 냄새가 코를 찔러서 비위를 능히 가라앉히지 못했다. 허겁지겁 뛰쳐나와 놀라움을 진정하지 못하는 모습을 보고, 이 판서가 놀라면서 묻기를, (후략)

상감께서 놀라시어 급히 물으시기를,
"선녀는 뉘시기에 과인의 곳에 이르렀소?"
박씨는 다시 일어나 재배한 후 말하기를,
저는 광주 유수 이시백의 처 박씨로소이다."
상감께서 놀라시어 말씀하시기를,
"그대의 슬기로운 계략에 늘 탄복했는데, 이제 그대의 모습을 보니, 과인의 마음을 위로하리로다."

(1) 첫번째 글에서 시백은 박씨 부인의 외모만 보고 놀라서 방을 뛰쳐나옵니다. 외모만 보고 사람을 판단하는 시백의 행동에 대한 각자의 의견을 말해 봅시다.

- -

- -

(2) 두 번째 글에서 상감은 박씨 부인의 모습을 보고 그녀의 행동을 칭송합니다. 여성 영웅인 박씨 부인에 대한 각자의 생각을 말해 봅시다.

- -

- -

〈베스트 논술 한국대표문학〉(전60권) 목록

권별	작품	작가
1	무정 I	이광수
2	무정 II	이광수
3	무명 · 꿈 · 옥수수 · 할멈	이광수
4	감자 · 시골 황 서방 · 광화사 · 붉은 산 · 김연실전 외	김동인
5	발가락이 닮았다 · 왕부의 낙조 · 전제자 · 명문 외	김동인
6	배따라기 · 약한 자의 슬픔 · 광염 소나타 외	김동인
7	B사감과 러브레터 · 서투른 도적 · 술 권하는 사회 · 빈처 외	현진건
8	운수 좋은 날 · 까막잡기 · 연애의 청산 · 정조와 약가 외	현진건
9	벙어리 삼룡이 · 뽕 · 젊은이의 시절 · 행랑 자식 외	나도향
10	물레방아 · 꿈 · 계집 하인 · 별을 안거든 우지나 말 걸 외	나도향
11	상록수 I	심훈
12	상록수 II	심훈
13	탈춤 · 황공의 최후 / 적빈 · 꺼래이 · 혼명에서 외	심훈 / 백신애
14	태평 천하	채만식
15	레디메이드 인생 · 순공 있는 일요일 · 쑥국새 외	채만식
16	명일 · 미스터 방 · 민족의 죄인 · 병이 낫거든 외	채만식
17	동백꽃 · 산골 나그네 · 노다지 · 총각과 맹꽁이 외	김유정
18	금 따는 콩밭 · 봄봄 · 따라지 · 소낙비 · 만무방 외	김유정
19	백치 아다다 · 마부 · 병풍에 그린 닭이 · 신기루 외	계용묵
20	표본실의 청개구리 · 두 파산 · 이사 외 / 모범 경작생	염상섭 / 박영준
21	탈출기 · 홍염 · 고국 · 그믐밤 · 폭군 · 박돌의 죽음 외	최서해
22	메밀꽃 필 무렵 · 낙엽기 · 돈 · 석류 · 들 · 수탉 외	이효석
23	분녀 · 개살구 · 산 · 오리온과 능금 · 가을과 산양 외	이효석
24	무녀도 · 역마 · 까치 소리 · 화랑의 후예 · 등신불 외	김동리
25	하수도 공사 / 지맥 / 그 날의 햇빛은 · 갈가마귀 그 소리	박화성 / 최정희 / 손소희
26	지하촌 · 소금 · 원고료 이백 원 외 / 경희	강경애 / 나혜석
27	제3인간형 / 제일과 제일장 외 / 사랑 손님과 어머니 외	안수길 / 이무영 / 주요섭
28	날개 · 오감도 · 지주 회시 · 환시기 · 실화 · 권태 외	이상
29	봉별기 · 종생기 · 조춘점묘 · 지도의 암실 · 추등잡필	이상
30	화수분 외 / 김 강사와 T교수 · 창랑 정기 / 성황당	전영택 / 유진오 / 정비석

권별	작품	작가
31	민촌 / 해방 전후 · 달밤 외 / 과도기 · 강아지	이기영 / 이태준 / 한설야
32	소설가 구보씨의 일일 / 장삼이사 · 비오는 길 / 석공 조합 대표 / 낙동강 · 농촌 사람들 · 저기압	박태원 / 최명익 송영 / 조명희
33	모래톱 이야기 · 사하촌 외 / 갯마을 / 혈맥 / 전황당인보기	김정한 / 오영수 / 김영수 / 정한숙
34	바비도 외 / 요한 시집 / 젊은 느티나무 외 / 실비명 외	김성한 / 장용학 / 강신재 / 김이석
35	잉여 인간 / 불꽃 / 꺼삐딴 리 · 사수 / 연기된 재판	손창섭 / 선우휘 / 전광용 / 유주현
36	탈향 외 / 수난 이대 외 / 유예 / 오발탄 외 / 4월의 끝	이호철/ 하근찬/ 오상원/ 이범선/ 한수산
37	총독의 소리 / 유형의 땅 / 세례 요한의 돌	최인훈 / 조정래 / 정을병
38	어둠의 혼 / 개미귀신 / 무진 기행 · 서울 1964년 겨울 외	김원일 / 이외수 / 김승옥
39	뫼비우스의 띠 / 악령 / 식구 관촌 수필 / 기억 속의 들꽃 / 젊은 날의 초상	조세희 / 김주영 / 박범신 이문구 / 윤흥길 / 이문열
40	김소월 시집	김소월
41	윤동주 시집	윤동주
42	한용운 시집	한용운
43	한국 고전 시가와 수필	유리왕 외
44	한국 대표 수필선	김진섭 외
45	한국 대표 시조선	이규보 외
46	한국 대표 시선	최남선 외
47	혈의 누 · 모란봉	이인직
48	귀의 성	이인직
49	금수 회의록 · 공진회 / 추월색	안국선 / 최찬식
50	자유종 · 구마검 / 애국부인전 / 꿈하늘	이해조 / 장지연 / 신채호
51	삼국유사	일연
52	금오신화 / 홍길동전 / 임진록	김시습 / 허균 / 작자 미상
53	인현왕후전 / 계축일기	작자 미상
54	난중일기	이순신
55	흥부전 / 장화홍련전 / 토끼전 / 배비장전	작자 미상
56	춘향전 / 심청전 / 박씨전	작자 미상
57	구운몽 · 사씨 남정기	김만중
58	한중록	혜경궁 홍씨
59	열하일기	박지원
60	목민심서	정약용

〈베스트 논술 한국대표문학〉에 실린 소설과 교과서 대조표

* 〈베스트 논술 한국대표문학〉에 실린 소설과 현행 국어·문학 18종 교과서의 수록 내용을 비교·분석하였다.

● 초등 학교 교과서(국어)

금오신화, 구운몽, 심청전,
흥부전, 토끼전, 박씨전,
장화홍련전, 홍길동전

● 국정 교과서

작품	작가	교과목
고향	현진건	고등 학교 문법
동백꽃	김유정	중학교 국어 2-1, 중학교 국어 3-1
벙어리 삼룡이	나도향	중학교 국어 1-1
봄봄	김유정	고등 학교 국어(상)
사랑 손님과 어머니	주요섭	중학교 국어 2-1
오발탄	이범선	중학교 국어 3-1
운수 좋은 날	현진건	중학교 국어 3-1

● 고등 학교 문학 교과서

작품	작품	출판사
감자	김동인	교학, 지학, 디딤돌, 상문
갯마을	오영수	문원, 형설
고향	현진건	두산, 지학, 청문, 중앙, 교학, 문원, 민중, 블랙, 디딤돌
관촌 수필	이문구	지학, 문원, 블랙
광염 소나타	김동인	천재, 태성

금 따는 콩밭	김유정	중앙
금수회의록	안국선	지학, 문원, 블랙, 교학, 대한, 태성, 청문, 디딤돌
김 강사와 T교수	유진오	중앙
까마귀	이태준	민중
꺼삐딴 리	전광용	지학, 중앙, 두산, 블랙, 디딤돌, 천재, 케이스
날개	이상	문원, 교학, 중앙, 민중, 천재, 형설, 청문, 태성, 케이스
논 이야기	채만식	두산, 상문, 중앙, 교학
닳아지는 살들	이호철	천재, 청문
동백꽃	김유정	금성, 두산, 블랙, 교학, 상문, 중앙, 지학, 태성, 형설, 디딤돌, 케이스
두 파산	염상섭	문원, 상문, 천재, 교학
등신불	김동리	중앙, 두산
만무방	김유정	민중, 천재, 두산
메밀꽃 필 무렵	이효석	금성, 상문, 중앙, 교학, 문원, 민중, 블랙, 디딤돌, 지학, 청문, 천재, 케이스
모래톱 이야기	김정한	디딤돌, 교학, 문원
모범경작생	박영준	중앙
뫼비우스의 띠	조세희	두산, 블랙
무녀도	김동리	천재, 지학, 청문, 금성, 문원, 민중, 케이스

작품	작가	출판사
무정	이광수	디딤돌, 금성, 두산, 교학, 한교
무진기행	김승옥	두산, 천재, 태성, 교학, 문원, 민중, 케이스
바비도	김성한	민중, 상문
배따라기	김동인	상문, 형설, 중앙
벙어리 삼룡이	나도향	민중
복덕방	이태준	블랙, 교학
봄봄	김유정	디딤돌, 문원
붉은 산	김동인	중앙
B사감과 러브레터	현진건	교학
사랑 손님과 어머니	주요섭	중앙, 디딤돌, 민중, 상문
사수	전광용	두산
사하촌	김정한	중앙, 문원, 민중
산	이효석	문원, 형설
서울, 1964년 겨울	김승옥	문원, 블랙, 천재, 교학, 지학, 중앙
성황당	정비석	형설
소설가 구보씨의 일일	박태원	중앙, 천재, 교학, 대한, 형설, 문원, 민중
수난 이대	하근찬	교학, 지학, 중앙, 문원, 민중, 디딤돌, 케이스
애국부인전	장지연	지학, 한교
어둠의 혼	김원일	천재
역마	김동리	교학, 두산, 천재, 태성, 형설, 상문, 디딤돌

역사	김승옥	중앙
오발탄	이범선	교학, 중앙, 금성, 두산
요한 시집	장용학	교학
운수 좋은 날	현진건	금성, 문원, 천재, 지학, 민중, 두산, 디딤돌, 케이스
유예	오상원	블랙, 천재, 중앙, 교학, 디딤돌, 민중
자유종	이해조	지학, 한교
장삼이사	최명익	천재
전황당인보기	정한숙	중앙
젊은 날의 초상	이문열	지학
젊은 느티나무	강신재	블랙, 중앙, 문원, 상문
제일과 제일장	이무영	중앙
치숙	채만식	문원, 청문, 중앙, 민중, 상문, 케이스
탈출기	최서해	형설, 두산, 민중
탈향	이호철	케이스
태평 천하	채만식	지학, 금성, 블랙, 교학, 형설, 태성, 디딤돌
표본실의 청개구리	염상섭	금성
학마을 사람들	이범선	민중
할머니의 죽음	현진건	중앙
해방 전후	이태준	천재
혈의 누	이인직	천재, 금성, 민중, 교학, 태성, 청문
홍염	최서해	상문, 지학, 금성, 두산, 케이스
화수분	전영택	태성, 중앙, 디딤돌, 블랙

〈베스트 논술 한국대표문학〉에 실린 시와 교과서 대조표

* 〈베스트 논술 한국대표문학〉에 실린 시와 현행 국어·문학 18종 교과서의 수록 내용을 비교·분석하였다.

작품	작가	출판사
가는 길	김소월	지학, 블랙, 민중
가을의 기도	김현승	블랙
겨울 바다	김남조	지학
고향	백석	형설
국경의 밤	김동환	지학, 천재, 금성, 블랙, 태성
국화 옆에서	서정주	민중
귀천	천상병	지학, 디딤돌
귀촉도	서정주	지학
그 날이 오면	심훈	지학, 블랙, 교학, 중앙
그대들 돌아오시니	정지용	두산
그 먼 나라를 알으십니까	신석정	교학, 대한
껍데기는 가라	신동엽	지학, 천재, 금성, 블랙, 교학, 한교, 상문, 형설, 청문
꽃	김춘수	금성, 문원, 교학, 중앙, 형설
끝없는 강물이 흐르네	김영랑	디딤, 교학
나그네	박목월	천재, 블랙, 중앙, 한교
나룻배와 행인	한용운	문원, 블랙, 대한, 형설
남신의주 유동 박시봉방	백석	지학, 두산, 상문

작품	작가	출판사
남으로 창을 내겠소	김상용	지학, 한교, 상문
내 마음은	김동명	중앙, 상문
내 마음을 아실 이	김영랑	한교
농무	신경림	지학, 디딤, 금성, 블랙, 교학, 형설, 청문
누가 하늘을 보았다 하는가	신동엽	두산
눈길	고은	문원
님의 침묵	한용운	지학, 천재, 두산, 교학, 민중, 한교, 태성, 디딤돌
떠나가는 배	박용철	지학, 한교
머슴 대길이	고은	디딤돌, 천재
먼 후일	김소월	청문
모란이 피기까지는	김영랑	지학, 천재, 금성, 형설
목계 장터	신경림	문원, 한교, 청문
목마와 숙녀	박인환	민중
바다와 나비	김기림	금성, 블랙, 한교, 대한, 형설
바위	유치환	금성, 문원, 중앙, 한교
별 헤는 밤	윤동주	문원, 민중
봄은 간다	김억	한교, 교학
봄은 고양이로다	이장희	블랙

작품	작가	출판사
불놀이	주요한	금성, 형설
빼앗긴 들에도 봄은 오는가	이상화	지학, 천재, 문원, 블랙, 디딤돌, 중앙
산 너머 남촌에는	김동환	천재, 블랙, 민중
산유화	김소월	두산, 민중
살아 있는 것이 있다면	박인환	대한, 교학
살아 있는 날은	이해인	교학
생명의 서	유치환	한교, 대한
샤갈의 마을에 내리는 눈	김춘수	지학, 블랙, 태성
서시	윤동주	디딤돌, 민중
설일	김남조	교학
성묘	고은	교학
성북동 비둘기	김광섭	지학
쉽게 씌어진 시	윤동주	지학, 디딤돌, 중앙
승무	조지훈	지학, 디딤돌, 금성
알 수 없어요	한용운	중앙, 대한
어서 너는 오너라	박두진	디딤돌, 금성, 한교, 교학
오감도	이상	디딤돌, 대한
와사등	김광균	민중
우리가 물이 되어	강은교	지학, 문원, 교학, 형설, 청문, 디딤돌
우리 오빠의 화로	임화	디딤돌, 대한
울음이 타는 가을 강	박재삼	지학, 교학
자수	허영자	교학

작품	작가	출판사
자화상	노천명	민중
절정	이육사	지학, 천재, 금성, 두산, 문원, 블랙, 교학, 태성, 청문, 디딤돌
접동새	김소월	교학, 한교
조그만 사랑 노래	황동규	문원, 중앙
즐거운 편지	황동규	지학, 형설, 청문
진달래꽃	김소월	천재, 태성
청노루	박목월	지학, 문원, 상문
초토의 시 8	구상	지학, 천재, 두산, 상문, 태성
초혼	김소월	디딤돌, 금성, 문원
타는 목마름으로	김지하	디딤돌, 금성, 문원, 민중
풀	김수영	지학, 금성, 민중, 한교, 태성
프란츠 카프카	오규원	천재, 태성
피아노	전봉건	태성
해	박두진	두산, 블랙, 민중, 형설
해에게서 소년에게	최남선	지학, 천재, 금성, 두산, 문원, 민중, 한교, 대한, 형설, 태성, 청문, 디딤돌
향수	정지용	지학, 문원, 블랙, 교학, 한교, 상문, 청문, 디딤돌

〈베스트 논술 한국대표문학〉에 실린 시조와 교과서 대조표

* 〈베스트 논술 한국대표문학〉에 실린 시조와 현행 국어·문학 18종 교과서의 수록 내용을 비교·분석하였다.

작품	작가	출판사
가노라 삼각산아	김상헌	교학, 형설
가마귀 눈비 맞아	백팽년	교학
가마귀 싸우는 골에	정몽주 어머니	교학
강호 사시가	맹사성	디딤돌, 두산, 교학
고산구곡	이이	한교
공명을 즐겨 마라	김삼현	지학
구름이 무심탄 말이	이존오	천재
국화야 너난 어이	이정보	블랙
녹초 청강상에	서익	지학
농암가	이현보	민중
뉘라서 가마귀를	박효관	교학
님 그린 상사몽이	박효관	천재
대추볼 붉은 골에	황희	중앙
도산 십이곡	이황	디딤돌, 블랙, 민중, 형설, 태성
동짓달 기나긴 밤을	황진이	지학, 천재, 금성, 두산, 문원, 교학, 상문, 대한
마음이 어린후니	서경덕	지학, 금성, 블랙, 한교
말없는 청산이요	성혼	지학, 천재
방안에 혔는 촉불	이개	천재, 금성, 교학
백구야 말 물어보자	김천택	지학
백설이 자자진 골에	이색	지학
삭풍은 나무끝에	김종서	중앙, 형설
산촌에 눈이 오니	신흠	지학

작품	작가	출판사
삼동에 베옷 닙고	조식	지학, 형설
산인교 나린 물이	정도전	천재
수양산 바라보며	성삼문	천재, 교학
십년을 경영하여	송순	지학, 금성, 블랙, 중앙, 한교, 상문, 대한, 형설
어리고 성긴 매화	안민영	형설
어부사시사	윤선도	금성, 문원, 민중, 상문, 대한, 형설, 청문
오리의 짧은 다리	김구	청문
오백년 도읍지를	길재	블랙, 청문
오우가	윤선도	형설
이몸이 죽어가서	성삼문	지학, 두산, 민중, 대한, 형설
이시렴 부디 갈다	성종	지학
이화에 월백하고	이조년	디딤돌, 천재, 두산
이화우 흣뿌릴 제	계랑	한교
재너머 성권농 집에	정철	천재, 형설
천만리 머나먼 길에	왕방연	문원, 블랙
청산리 벽계수야	황진이	지학
추강에 밤이 드니	월산대군	천재, 금성, 민중
춘산에 눈녹인 바람	우탁	디딤돌
풍상이 섞어 친 날에	송순	지학, 청문
한손에 막대 잡고	우탁	금성
훈민가	정철	지학, 금성
흥망이 유수하니	원천석	천재, 중앙, 한교, 디딤돌, 대한

〈베스트 논술 한국대표문학〉에 실린 수필과 교과서 대조표

* 〈베스트 논술 한국대표문학〉에 실린 수필과 현행 국어 · 문학 18종 교과서의 수록 내용을 비교 · 분석하였다.

작품	작가	출판사
가난한 날의 행복	김소운	천재
가람 일기	이병기	지학
구두	계용묵	디딤돌, 문원, 상문, 대한
그믐달	나도향	블랙, 태성
꼴찌에게 보내는 갈채	박완서	태성
나무	이양하	상문
나무의 위의	이양하	문원, 태성
낭객의 신년 만필	신채호	두산, 블랙, 한교
딸깍발이	이희승	지학, 디딤돌, 청문
멋없는 세상 멋있는 사람	김태길	중앙
무궁화	이양하	디딤돌
백설부	김진섭	지학, 천재, 형설, 태성, 청문
생활인의 철학	김진섭	지학, 태성
수필	피천득	지학, 천재, 한교, 태성, 청문
수학이 모르는 지혜	김형석	청문
슬픔에 관하여	유달영	문원, 중앙
웃음설	양주동	교학, 태성
은전 한 닢	피천득	금성, 대한
이야기	피천득	지학, 청문
인생의 묘미	김소운	지학
지조론	조지훈	블랙, 한교
청춘 예찬	민태원	금성, 블랙
특급품	김소운	교학
폭포와 분수	이어령	지학, 블랙
피딴 문답	김소운	디딤돌, 금성, 한교
행복의 메타포	안병욱	교학
헐려 짓는 광화문	설의식	두산

베스트 논술 한국대표문학 56

춘향전·심청전 외

지은이 작자 미상
펴낸이 류성관
펴낸곳 SR&B(새로본닷컴)
주 소 서울특별시 마포구 망원동 463-2번지
전 화 02)333-5413
팩 스 02)333-5418
등 록 제10-2307호
인 쇄 만리 인쇄사